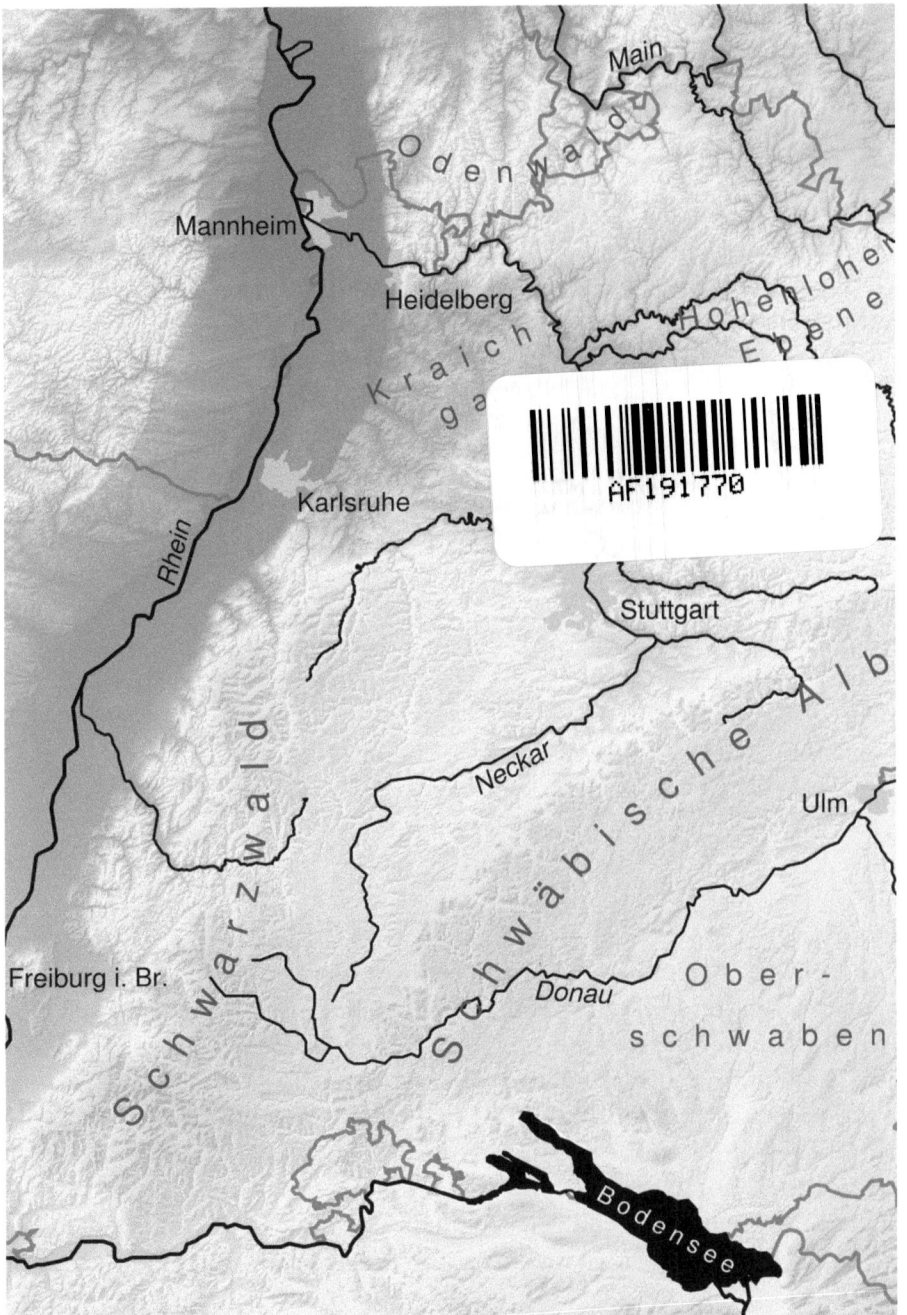

AF191770

Zu diesem Buch

Der Autor ist Hesse. Mit Begeisterung hat er Michael Kunzes Buch „Der Freiheit eine Gasse – Traum und Leben eines deutschen Revolutionärs" gelesen. Revolution und Ländle? Dass hier die beiden ersten deutschen Freiheitsbewegungen gegen Fürstenwillkür und für „Freiheit, Gleichheit, Brüderlichkeit" stattfanden, ist im Geschichtsbewusstsein der Deutschen kaum verankert. Block-Künzler radwandelt auf den Pfaden von Jos Fritz (Bauernkriege) sowie Hecker und Struve (Badische Revolution) vom Neckar bis zum Bodensee und am Rhein wieder zurück nach Heidelberg. Mark Twain, der neben dem Mississippi auch den Neckar bereiste, war hingerissen: „Aber niemand hat das höchste Ausmaß dieser sanften und friedvollen Schönheit begriffen, der nicht auf einem Floß den Neckar hinab gefahren ist."

Der Autor

Guido Block-Künzler wurde 1958 im osthessischen Schlitz geboren. Er studierte Jura und Geografie. Danach arbeitete er als Rechtsanwalt und Geschäftsführer des Wissenschaftsladen Gießen.

Seit 2006 ist der Reisebuchautor und mit seinem Biwaksack in den Bundesländern (**„Deutschland mit dem Rad erkunden"**), am Mittelmeer und auf den Kanaren (**„Europas Inseln zu Fuß erkunden"**) unterwegs.

Seine Reiseberichte veröffentlicht er bei BoD unter *Edition Block-Kuenzler.* (**www.outdoor-reiseberichte.info**)

Guido Block-Künzler
Einmal Heidelberg und zurück
Mit dem Rad rund um
Baden-Württemberg

Edition Block-Kuenzler
Outdoor-Reiseberichte

Gewidmet dem Wahlheidelberger Prof. Dr. Alexander Siegmund als Dank für die gute Zusammenarbeit und Anastazja Danilowicz, die vor wenigen Monaten in Stuttgart das Licht der Welt erblickte.

CIP-Kurztitel:
Block-Künzler, Guido:
Einmal Heidelberg und zurück.
Mit dem Rad rund um Baden-Württemberg.
1. Auflage, BoD, 2013.
ISBN 9783842362284

Impressum

Herstellung und Verlag: Books on Demand GmbH, Norderstedt.
Umschlagfoto, Bilder und Gestaltung: Guido Block-Künzler.

Inhalt

Heidelberg
„Don. Don. Don."
9

Neckar
„Aber niemand hat das höchste Ausmaß dieser sanften und friedvollen
Schönheit begriffen, der nicht auf einem Floß
den Neckar hinab gefahren ist."
(Mark Twain)
13

Ebersbach am Fils
„Stehlen, morden, huren, balgen."
(Friedrich Schiller)
18

Der Kocher
Der Haifisch unter den deutschen Flüssen
21

Schwäbische Alb
„Durch ein Gebirge, wüst und leer."
(Ludwig Uhland)
34

Ulm
„In Ulm, um Ulm und um Ulm herum."
43

Oberschwaben
„Du kleiner Ort, wo ich das erste Licht gesogen ..."
(Christoph Martin Wieland)
50

Bodensee
Das „Schwäbische Meer"
60

Stein am Rhein
„Einer für alle, alle für einen."
(Confoederatio Helvetica)
71

Hochrhein
„Ohr und Auge wohin retten sie sich im Tumult?"
(Eduard Mörike)
73

Basel
„Isch Basel nit e schöni, tolli Stadt?"
(Peter Hebel)
88

Unter Badensern
„Schwobe schaffet, Badener denket."
93

Kaiserstuhl
„Mi Kaiserstuahl, a Handvoll Bergli"
(Hermann Landerer)
104

Wyhl
„Es hucke drej herre ám Rhin …"
(André Weckmann)
108

Karlsruhe

„Klar und lichtvoll wie eine Regel, und wenn man hineintritt, so ist es,
als ob ein geordneter Verstand uns anspräche"
(Heinrich von Kleist)
112

Heidelberg

„Alt-Heidelberg, du feine; Wohlauf, die Luft geht
frisch und rein …"
(Joseph Victor von Scheffel)
121

Anhang

Für die Unersättlichen
Literatur über Baden-Württemberg
124

Radfernwege in Baden-Württemberg
Ein Überblick
128

Genießen in Baden-Württemberg
Mit dem Gaumen entdecken
131

Eine kurze Geschichte Baden-Württembergs
Wie wurde, was ist
135

Fotonachweis
Bildkommentare
142

Heidelberg
„Don. Don. Don."

„Don. Don. Don." Gedämpfter Trommelklang empfängt mich, die älteste Form der Musik. Er sitzt tief in uns. Ihn haben wir bereits durch das pulsierende Herz unserer Mutter wahrgenommen. Ich fühle mich gut aufgehoben. Besser kann eine Radtour nicht starten.
Auf der Wiese vor mir herrscht Partystimmung. Es wird gegrillt, getanzt, geklimpert und gesungen. Friedlich schmurgelt totes Tier vor sich hin. Eine Idylle für Vegetarier sind die Neckarwiesen heute nicht. Rauchschwaden ziehen über den Fluss. Darüber trohnt das Sahnestück der Stadt: das Heidelberger Schloss, eine der berühmtesten Ruinen Deutschlands.
Das Publikum ist überwiegend jung. Heidelberg ist spätestens seit dem 19. Jahrhundert die deutsche Studentenstadt schlechthin. Auch dank Joseph Victor von Scheffels „Alt-Heidelberg", das sich wie ein YouTube-Hit unter Studenten verbreitete. Im Übrigen: Die Ruprecht-Karls-Universität war nach der Prager und der Wiener Universität die dritte Gründung nördlich der Alpen. Damals, im Heiligen Römischen Reich, dem Herrschaftsbereich der römisch-deutschen Kaiser vom Mittelalter bis zu Napoleons Feldzügen.

Ich besetze eine Bank und koche mein Abendessen. Studenten aus aller Welt defilieren an mir vorbei. Sie sind schwer beladen mit Sixpacks und Grillgut. Heidelberg ist international. Dennoch gibt es sie noch: die alten Burschenschaften. Fünf Prozent aller männlichen Studierenden sind in Studentenverbindungen. Einige davon sind völkisch-nationalistisch ausgerichtet. Das war einst anders. Aus den badischen Burschenschaften sind Mitglieder des Vorparlaments und Revolutionäre von 1948/49 hervorgegangen. Neben Friedrich Hecker ist hier vor allem Gustav von Struve zu nennen, der in Heidelberg Jura studierte und Mitglied der „Alten Heidelberger Burschenschaft" war. Beide gehörten zum radikaldemokratischen und antimonarchistischen Flügel. Während des sogenannten Vormärz waren an der Heidelberger Universität nationale, liberale und demokratische Ideen verbreitet. Nach Beginn der Märzrevolution versammelten sich hier am 5. März 1848

liberale und demokratische Politiker aus Südwestdeutschland: Die *Heidelberger Versammlung* setzte maßgebliche Impulse zur Frankfurter Nationalversammlung.

Auch den großen amerikanischen Liberalen Mark Twain zog es nach Heidelberg. Hier begann er seine Europareise. Zwei Jahre, nachdem sein Bestseller *Tom Sawyers Abenteuer* erschienen war, fiel ihm ein, „dass der Welt schon seit Jahren nicht mehr der Anblick eines Mannes geboten worden war, der Verwegenheit genug besaß, zu Fuß eine Reise durch Europa zu unternehmen. Gründliches Nachdenken überzeugte mich, dass ich geeignet war, der Welt zu diesem Anblick zu verhelfen." So beginnt er seinen *Bummel durch Europa*, der 1878 als Reisebericht erschien. Allerdings war er dann doch nur selten zu Fuß unterwegs. Der berufsmäßige Stubenhocker reiste lieber per Zug und Kutsche. Auf dem Neckar traute er sich auch auf ein Floß. Das hätte er besser gelassen – aber dazu später.

In Heidelberg war er zu Fuß unterwegs. Er erkundete den Wald hinter seinem Hotel. Hier hatte er eine seltsame Begegnung mit einem krächzenden Raben. Die schwarzen Schlaumeier sind jenseits des großen Teiches eher selten: „Ein Krächzen mit deutlich beleidigendem Ausdruck. Hätte er Englisch gesprochen, hätte er um nichts deutlicher sagen können, was er auf Rabe sagte: ,Na, was machen Sie denn hier?'... Ich erwiderte jedoch nichts: Ich bin nicht der Mann, der sich mit einem Raben zankt." Wohl aber mit der deutschen Sprache! Ihr widmete er einen Anhang: *The Awful German Language (Die schreckliche deutsche Sprache)*: „I went often to look at the collection of curiosities in Heidelberg Castle, and one day I surprised the keeper of it with my German. I spoke entirely in that language. He was greatly interested; and after I had talked a while he said my German was very rare, possibly a 'unique'; and wanted to add it to his museum. If he had known what it had cost me to acquire my art, he would also have known that it would break any collector to buy it. Harris and I had been hard at work on our German during several weeks at that time, and although we had made good progress, it had been accomplished under great difficulty and annoyance, for three of our teachers had died in the meantime. A person who has not studied German can form no idea of what a perplexing language it is."

Vor Mitternacht ziehe ich mich unter die Neckarbrücke zurück. Eine Regenfront naht. Pünktlich zum Morgengrauen erreicht sie Heidelberg und kündigt einen Wasserwandertag an. Das Leben ist kein Ponyhof. Gegenüber liegt das Schloss im Nieselregen. Eine Million Besucher hat es im Jahr.

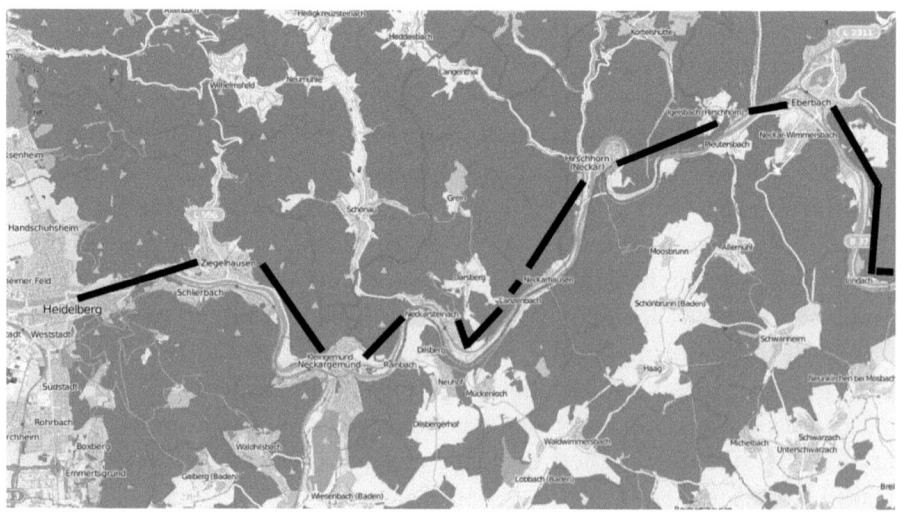

Neckar
„Aber niemand hat das höchste Ausmaß dieser sanften und friedvollen Schönheit begriffen, der nicht auf einem Floß den Neckar hinab gefahren ist." (Mark Twain)

Der geistige Vater von Tom Sawyer und Huckleberry Finn hielt sich lang im Neckartal auf. Samuel Langhorne Clemens alias Mark Twain erkundete den Neckar auf einem gecharterten Floß. Der war damals noch ein reißender Fluss. Genau in dem Moment, als das Floß an einem Felsen vorbei schwamm, sprengten ihn Bahnarbeiter. Gesteinsbrocken regneten auf das Floß nieder: „Es erschien uns als ausgemacht, dass wir umkommen müssten. Aber selbst das war nicht der bitterste Gedanke, nein. Die unheroische Todesart, das war der Stachel. Sie und der bizarre Wortlaut des sich zwangsläufig ergebenden Nachrufs: ‚Erschossen von einem Stein auf einem Floß.' Keine Poesie würde darüber gedichtet werden. Es könnte keine darüber gedichtet werden. Beispiel: ‚Nicht in der Schlacht, sondern bloß erschossen von einem Stein auf einem Floß'."

Heute ist der Neckar begradigt und eingefasst. Seit etwa hundertdreißig Jahren machen ihn elf Staustufen zwischen Mannheim und Heilbronn schiffbar. Häufig sieht der Neckar aber noch naturbelassen aus und bedient die romantische Erwartung. Wie da ein Ausflugsdampfer vor mir herschippert, bewaldeter Hang im Hintergrund, keine Siedlung weit und breit: Das ist Neckarromatik in Reinform.

Ich fahre auf der Bundesstraße weiter. Bald liegt Neckarsteinach mit seinen vier Burgen vor mir. Sie reihen sich am Nordhang des Neckartals auf. In Hirschhorn erwartet mich eine restaurierte Altstadt. Über die Bewohner schrieb Twain einst Gehässiges: Sie seien „missgebildete, glotzende, ungewaschene und ungekämmte Schwachsinnige". Welche Laus mag ihm da wohl über die Leber gelaufen sein? Der Begleiter meiner Kindheit konnte ziemlich garstig sein. Auch deshalb hat er verfügt, seine Autobiografie dürfe erst hundert Jahre nach seinem Tod veröffentlicht werden.

Hinter Hirschhorn spuckt ein Tunnel Automobile wie am Fließband aus. Für Radfahrer ist diese Abkürzung des Neckarbogens gesperrt. Ich fahre auf der Bundesstraße weiter. Sie hat einen breiten Seitenstreifen, fast schon ein Radweg. Mit einem Affenzahn jagen die Autos an mir vorbei. Im Sprühnebel können die Fahrer ihren Vordermann kaum erkennen. Durchweicht verkrieche ich mich vor Ebersbach auf einem Rastplatz unter eine überdachte Bank. Seitlich sprüht es rein. Es zieht wie Hechtsuppe. Aus dem durchnässten Rucksack krame ich hervor, was er noch an wärmenden Klamotten zu bieten hat. Unterdessen hält ein Autofahrer, steigt aus und begibt sich in die Freiluft-Lounge neben mir. Ich nicke ihm zu. Getrennt, aber doch irgendwie verbunden, warten wir auf ein Wetterwunder. Die besseren Karten hat er. Sein Wetter bessert sich ganz erheblich, sobald er wieder im Auto sitzt. Mein Gefährt ist naturverbundener. Das hat nicht immer Vorteile.
Mein Nachbar hat bald die Nase voll davon, im Schietwetter herumzusitzen. Das bekommt weder ihm noch seinem Anzug. Der junge Mann sprintet zu seiner Sindelfinger Karosse, wird wenig später abgeholt und davonkutschiert. Adios! Meiner hat sich zwischenzeitlich keiner erbarmt. Selbst ist der Mann! Ich packe. Atempause vorbei. Otto Normalpionier reitet weiter.

Am Ortseingang von Ebersbach flüchte ich von der stark befahrenen Bundesstraße auf eine Nebenstraße, die Richtung Tauber führt. Keine schlechte Idee. Rein theoretisch jedenfalls. Rein praktisch gesehen kommt im Filstal zu Regen und Wind noch eine nicht unerhebliche Steigung. Und sie will vor allem eines nicht: aufhören! Ich lasse mich zurückrollen auf die Bundesstraße. Eine kluge Entscheidung. Im kleinen Park vor den Toren der Altstadt steht ein Pavillon. Na also. Geht doch! Im Hotel gegenüber vergnügt sich eine Gesellschaft. Die Raucher stehen vor die Tür. Wir nicken uns freundlich zu. Alleine die Skulptur im Park zieht mich etwas runter. Sie erinnert drastisch daran, dass nicht alle in der Vergangenheit einen romantisch-verklärten Blick auf den Neckar hatten. Die, denen im Park von Eberbach ein Denkmal gesetzt wurde, schleppten Lastkähne den Neckar hoch. So alt, wie sie ausgesehen haben müssen, wurden sie dabei nicht.

Am nächsten Morgen laufen Werktätige durch meine Butze. Kähne müssen sie nicht mehr schleppen. Richtig glücklich sehen sie dennoch nicht aus. Ich ignoriere sie und gönne mir noch etwas Augenpflege. Als ich mich endlich aus dem Schlafsack schäle, ist der Herbst immer noch da: „Saudagglhaftbled!" Der Morgenkaffee wärmt und versöhnt mich mit der Welt. Danach streife ich durch die gerade erwachende Kleinstadt.

Ebersbach am Fils
„Stehlen, morden, huren, balgen." (Friedrich Schiller)

„Stehlen, morden, huren, balgen." So beschreibt Schiller im *Räuberlied* den Alltag der Gesetzlosen. Hier in Ebersbach am Fils, sechzig Kilometer von seinem Geburtsort Marbach am Neckar entfernt, wurde 1729 der berühmteste schwäbische Räuber geboren. Nicht in seinen *Räubern*, sondern in einem eher unbekannten Werk, hat Schiller den Räuberhauptmann Johann Friedrich Schwan als *Verbrecher aus verlorener Ehre* unsterblich gemacht. Dessen Eltern betrieben in Ebersbach eine Gastwirtschaft. *Sonnenwirtle* nannte ihn daher der Volksmund. Seine Laufbahn als Räuberhauptmann endete bereits im Alter von einunddreißig Jahren auf dem Rad: 1760 wurde er in Vaihingen an der Enz grausam hingerichtet.

Schiller stolperte über Schwans Lebensgeschichte durch Jakob Friedrich von Abel. Der war einer seiner Lehrer auf der Militärakademie „Carlsschule" in Stuttgart, wo der spätere Dichterfürst auf Befehl des Herzogs missmutig die Schulbank drückte. Abels Vater verhaftete einst als Amtmann den *Sonnenwirtle*. Abel Junior hat die Story 1787 als *Fall Friedrich Schwahn* in seine *Sammlung und Erklärung merkwürdiger Erscheinungen aus dem menschlichen Leben* aufgenommen. Die Fallsammlung war nicht Schillers erster Kontakt mit der Räuberszene. Als er Kind war, gab es im Südwesten viele Banden. Ihre Untaten verbreiteten sich mündlich von Dorf zu Dorf – fast so schnell, wie heute YouTube-Videos. Er wuchs mit Räubergeschichten auf. Der Fall Schwan stieß – so Ernst Bloch – auf Schillers „Interesse für alles, was an einem Galgen hart vorbeistreifte oder dort hängen blieb."

Ebersbach liegt an der Grenze zu Hessen und Bayern - am Fuß des Katzenbuckels. Der Volksmund nennt ihn „Winterhauch". Der Berg ist mit über sechshundert Metern nicht nur der höchste im Odenwald, er ist mit Abstand auch dessen kältester Ort. Vielleicht hat man deshalb seinen Zwillingsbruder, den Michelsberg, vollständig abgetragen und mit seinem Gestein lieber die Wege im Tal geschottert. Zum „Winterhauch" zieht es mich nicht. Unten im Neckartal ist es kalt genug. An der Schleusenbrücke könnte ich auf den offiziellen

Neckartal-Radweg wechseln und auf einem Forstwirtschaftsweg in Ufernähe durch ein Waldgebiet fahren. Ich bleibe jedoch auf der vertrauten Bundesstraße und werde dafür mit einem schönen Blick auf die Burg Zwingenberg im gleichnamigen Ort belohnt. Der Fluss hat hier ein tiefes Tal durch den badischen Odenwald gegraben.

In Obrigheim wird das Neckartal wieder deutlich breiter. Bundesweit bekannt wurde die Kleinstadt 1961. Damals entstand hier das erste kommerziell genutzte Atomkraftwerk in Deutschland. Seit fünf Jahren ist es stillgelegt. Ersetzt wird es seit einigen Jahren durch ein Biomasseheizkraftwerk. Das steht gleich nebenan. Schöne Idee!

Eigentliches Wahrzeichen des Ortes ist jedoch das Schloss Neuburg, hoch über dem Neckar. Die Nazis nutzten es als Kreisschulungsburg. Heute ist es Hotel und Restaurant. Radwanderer mit gut gefülltem Dukatenbeutel sind hier sicher willkommen.

Weiter geht's, vorbei an der größten Stauferpfalz nördlich der Alpen. Sie liegt unglücklicherweise nicht nur am gegenüberliegenden Ufer, sondern auf einem Hügel hoch oben auf dem Berg. Pedelec? Nie und nimmer kommt mir so was ins Haus. Nicht, ehe ich einen Rollator brauche. Ich blicke sehnsüchtig hinauf und fahre im Tal weiter. Nur so nebenbei: Die mittelalterliche Altstadt von Wimpfen am Berg lohnt die Strapazen des Aufstiegs. Das erfahre ich allerdings erst hinterher.

Schräg gegenüber liegt bereits Bad Friedrichshall. Das Prädikat hat sie wegen der Solequellen im Stadtteil Jagstfeld. Der liegt an der ehemaligen *Hohen Straße*. Er verband Paris mit Osteuropa - eine *Magistrale* aus frühkeltischer Zeit. Auch die Römer waren hier. Im Osten schottete der Neckar-Odenwald-Limes ein römisches Lagerdorf ab, in dessen Nähe später auch die Alamannen und Franken siedelten.

Danach treffe ich endlich auf den Kauber, dem ich bis Aalen folgen will. Ein feiner Landregen legt sich über das Tal. Nicht mehr als ein sehr dichter Nebel: unangenehm, aber nicht weiter besorgniserregend. Jedenfalls nicht der Mühe Wert, mein Notzelt aufzustellen. Unter einer Weide finde ich Zuflucht. Ich rolle meinen Biwaksack aus. Das ist eine verhängnisvolle Fehlentscheidung! Der Regen schafft es in der Nacht mit einer ordentlichen Portion Penetranz durch das Blätterdach. Die Folge: Ich wache mit nassen Wickeln auf. Mein Biwacksack ist auch nicht mehr der Jüngste. Wo es gestern noch trocken war, haben sich kleine Seen gebildet. Mittendrin ich. Während ich mich aus dem nassen

Schlauch schäle, parkt ein Auto vor meiner Nase. Ein Rentnerpaar steigt aus. „Hallo! Haben Sie hier übernachtet?" Wonach sieht es sonst aus? Ich bin etwas angefressen wegen meiner eigenen Blödheit. Natürlich schalte ich zurück. Was kann das nette Paar dafür, das ich gestern keine Peilung hatte? Eben! Mies ist meine Stimmung dennoch. Besuch im Schlafzimmer hat mir gerade noch gefehlt. Grummel, grummel. Ihr Pudel springt aus dem Wagen. Pudel? Ich hasse Pudel. Am frühen Morgen bleibt mir wohl nichts erspart. Diese halbstarken Kläffer sind immerzu auf Krawall gebürstet. Unter Hundefreunden nennt man das „lebhaft". Die Franzosen nennen sie *Caniche* – klingt essbar.

Es nieselt immer noch. Ich fasse mich: „Sei freundlich. Sie wollen doch nur nett sein!" Also Smalltalk. Naheliegend, dass wir uns übers Wetter unterhalten. „Auf Mallorca im Frühling ist es auch nicht besser!" offenbare ich meine Weltläufigkeit. Mallorca! Da hatten sie eine bescheidene Butze, die ihnen das Rentnerleben versüßen sollte. „Einen Winter und einen Sommer haben wir ausgehalten." Der Winter sei nasskalt gewesen. „Den Sommer hat unser Pudel nur mit Mühe überlebt. Wir auch. Die Hitze war unerträglich." Selbst im Schatten habe er gehechelt. In diesem deutschen Sommer muss er das nicht.

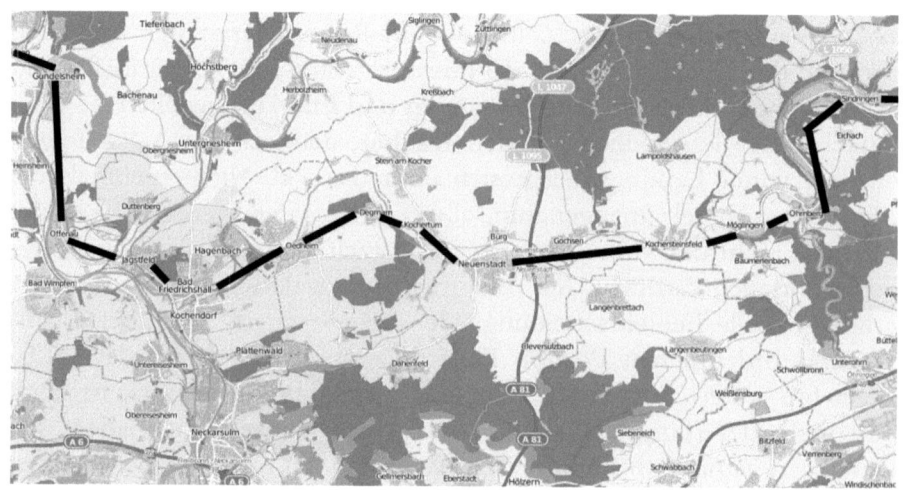

Der Kocher
Der Haifisch unter den deutschen Flüssen

Bei einigen lebend gebärenden Haiarten ernähren sich die Jungen von ihren Geschwistern. Dem Kocher sieht man es nicht an, aber auch er ist ein Kannibale. Er füllt sich sein Bett mit dem Wasser seines Zwillingsflusses: der Jagst. Oft trennen beide nur wenige Kilometer. Die Jagst liegt vierzig Meter höher. Beides nutzt er hemmungslos aus. Unterirdisch klaut er ihr so viel Wasser, das sie früher trocken fiel. Die Müller fanden das nicht lustig. Die schlimmsten Versickerungsstellen haben sie zubetoniert. Das kommt auch den Radlern entgegen, denen Radwandern am trockenen Flussbett die Stimmung vermiesen würde. Und von denen profitiert der Ostalbkreis. Der Kocher-Jagst-Radweg hat erheblich zum Aufschwung des Tourismus in der Region beigetragen. Heute zählt er zu den beliebtesten Radtouren in Deutschland. Einen Fluss hinunter und den Zwillingsfluss wieder hinauf: „Über dreihundert Kilometer Radweg mit wenigen Steigungen, größtenteils abseits der Straßen durch eine wunderschöne und abwechslungsreiche Landschaft: Das ist einmalig." Wo die Marketingleute von der offiziellen Website recht haben, da bleibt wenig hinzuzufügen. Außer einem Radreisebebericht. Voilá. Hier kommt er.

Ich fahre winkend an dem Rentnerpärchen vorbei, das seinen Pudel hinter der Kleingartenkolonie in Bad Friedrichshall inzwischen Gassi führt. Der Krawallbruder ist so mit Herumschnüffeln beschäftigt, dass er vergisst, mich anzubellen. Kurze Zeit später geht es moderat bergauf. Die Kette dreht durch und macht auf den Zahnrädern hässliche Musik. Offensichtlich hat auch ihr der Dauerregen nicht gefallen. Ich gebe ihr etwas Öl. Darauf reagiert sie mit Wohlbehagen. Inzwischen zeigt sich der Himmel freundlicher. In Öhringen-Ohrnberg packe ich in der Grillhütte meine nassen Sachen aus. Wenig später wird die Schaukel des Kinderspielplatzes zum Wäschetrockner. Mehr Öko geht kaum. Wind und Solarenergie treiben ihn an. Das braucht natürlich seine Zeit. Die nutze ich, um mein Mittagessen zu kochen. Bei meinem kleinen Rundgang stelle ich fest: Im Dorf ist niemand zu Hause. Nicht einmal auf dem Bauerhof gleich nebenan, wo in einem kleinen Unterstand

Gemüse und Obst angeboten werden. Zurück zur Hütte. Inzwischen hat meine Kantine fertig. Ich nehme ein paar Happen zu mir und packe. Auf ein Neues!

Der Kocher ist ein Meister im Krümmen. Gerade hier. Eine Erklärung für seinen Namen knüpft folgerichtig an die indogermanische Wortwurzel *keuk* an: „Sich krümmen". Dem Kocher blieb das Schicksal des Neckar erspart. Mehr als knietief ist er selten. Da lohnte sich der Ausbau zur Wasserstraße nicht. Größe ist nicht immer von Vorteil. Oft ist der Kocher dafür gnadenlos romantisch. Das Naturbelassene kriegt man als Radfahrer auch mit. Im Gegensatz zu vielen Flussradwanderwegen sieht man beim Kocher-Jagst-Radweg ziemlich oft Wasser. Leider kommt es manchmal auch von oben. So ist der durchschnittliche Sommer in Mitteleuropa nun mal. Das viele Grün hat seinen Preis! Heute bin ich aber nicht bereit, ihn zu zahlen. Meinen Obolus habe ich bereits in der letzten Nacht erbracht. Am Ufer in Forchtenberg „vor dem Berg" stelle ich mein Notzelt auf. Bis es dunkel wird, habe ich noch viel Zeit. Die nutze ich für einen Stadtrundgang.

Robert Scholl war hier Bürgermeister - der Vater von Hans und Sophie Scholl. Am Rathaus erinnert eine Gedenktafel an die christlichen Kämpfer gegen die Nazi-Diktatur. Sie wurden als Mitglieder der studentischen Widerstandsgruppe *Weiße Rose*, 1943 in München von den Nazis ermordet. Der Uni-Hausmeister überraschte das Geschwisterpaar beim Auslegen von Flugblättern. Er denunzierte sie bei der Gestapo. Bereits eine Woche später wurden sie von der „brüllenden Anklagemaschine" zum Tod verurteilt und noch am gleichen Tag mit der Guillotine enthauptet.

Roland Freisler war zum „Prozess" mit einer Sondermaschine eingeflogen. Kurz nach seiner Ernennung zum Präsidenten des politischen Sondergerichts ermahnte Reichsjustizminister Thierack seinen Nachfolger: „Bei keinem anderen Gericht als beim Volksgerichtshof tritt so klar zutage, dass die Rechtsprechung dieses höchsten politischen Gerichtshofes mit der Staatsführung in Einklang stehen muss ... Im Allgemeinen muss sich der Richter des Volksgerichtshofs daran gewöhnen, die Ideen und Absichten der Staatsführung als das Primäre zu sehen, das Menschenschicksal, das von ihm abhängt, als das Sekundäre. Denn die Angeklagten vor dem Volksgerichtshof sind nur kleine Erscheinungsformen eines hinter

ihnen stehenden größeren Kreises, der gegen das Reich kämpft. Das gilt vor allem im Kriege." Die Ermahnung war überflüssig. Freislers „Rechtsauffassung" war glasklar: „Recht ist, was dem Volke nutzt." Meinte: der nationalsozialistischen Diktatur. Seine gnadenlosen Urteile hatten nur ein Ziel: die „dauernde Selbstreinigung des Volkes". Elftausend Todesurteile haben die politischen Sondergerichte der Nazis gefällt.

Im Münchener Justizpalast traf der Berserker auf Furchtlose. Hans und Sophie Scholl, die den Tod nicht gesucht hatten, nahmen ihn schon im Untersuchungsgefängnis an. Eine Mitgefangene hörte ihre Zellengefährtin sagen: „So ein herrlicher, sonniger Tag, und ich muss gehen. Aber wie viele müssen heutzutage auf den Schlachtfeldern sterben, wie viele hoffnungsvolle Männer. Was liegt an meinem Tod, wenn durch unser Handeln Tausende von Menschen aufgerüttelt und geweckt werden. Unter den Studentenschaft gibt es bestimmt eine Revolte." Gab es nicht. Doch sie sind unvergessen und bis heute Symbolgestalten eines an humanistischen Werten orientierten Widerstands gegen die Nazis.

Zurück zur Gegenwart. „Roland komm, wir gohet weida." Das Hohenlohewappen am Würzburger Tor fasziniert nicht jeden. Die gesamte Altstadt dahinter ist unter Denkmalschutz gestellt. Mit mir nimmt eine Radlergruppe aus Italien Forchtenberg in Besitz. Sie zieht ein Hotel vor. Ich rolle zurück zum Kocher.

Am nächsten Tag weckt mich erneut Nieselregen. Das wird langsam zur lästigen Gewohnheit. Über die ehemalige Bahntrasse radele ich weiter nach Niedernhall. Der Ort liegt im Bereich der Hohenloher Ebene, tief unten am Ufer des mittleren Kochers. Auch sein historischer Stadtkern steht unter Denkmalschutz – inklusive Stadtmauer aus dem 14. Jahrhundert mit Wehrgang, Türmen und Stadttor.

Es regnet schon wieder. Mir liegt der berühmte Spruch eines streitbaren Ritters auf der Zunge, der erst lange nach seinem Tod durch einen schriftstellerisch höchst ambitionierten Geheimrat berühmt wurde. In Niedernhall ging Gottfried „Götz" von Berlichingen zu Schule. Noch immer steht das Fachwerkhaus seiner Klosterschule. „Vor Ihro Kayserliche Majestät, hab ich, wie immer schuldigen Respect. Er aber,

sags ihm, er kann mich im Arsch lecken." Goethes Schauspiel *Götz von Berlichingen* ist das bekannteste Werk des Sturm und Drang – neben den *Räubern* und dem *Wilhelm Tell* seines Freundes Schiller.

Der historische Götz entstammte der mittelalterlichen Welt des Faust- und Fehderechts. Die war dem Untergang geweiht. Goethes Figur knüpft daran an. „Du hast dich selbst überlebt", sagt Goethes Götz am Schluss. Hegel, der große deutsche Geschichtsphilosoph, kommentierte später: „Die Zeit des Götz … ist die interessante Epoche, in welcher das Rittertum mit der adligen Selbstständigkeit seiner Individuen durch eine neuentstehende objektive Ordnung und Gesetzlichkeit ihren Untergang findet. Diese Berührung und Kollision der mittelaltrigen Heroenzeit und des gesetzlichen modernen Lebens zum ersten Thema gewählt zu haben, bekundet Goethes großen Sinn."

Zurück zur Gegenwart. In der regnet es noch immer. Ich gehe in dem kleinen Ort spazieren. Mit Regenschirm! Das ist angenehmer, als mir auf dem Rad den Regen ins Gesicht prasseln zu lassen. Irgendwann wird er schon aufhören. Das tut er immer. Die Frage ist, ob ich das noch erleben werde. Grummel. In der örtlichen Sparkasse wird für die Bausparkasse Schwäbisch-Hall geworben. So, so. Nun ja. Bald werde ich das Bausparerparadies kennenlernen. Es liegt auf meinem Weg. Ob man durch die Stadttore nur unter Nachweis eines Bausparvertrages kommt? Ich trödele weiter durch die Altstadt, bis ich jede Ecke kenne. „Lost in Niedernhall?" Nein. Irgendwann raffe ich mich auf und fahre weiter. Der Regen hört auf. Doch bereits in Ingelfingen versiegt meine Motivation beim Anblick einer hübschen Bank. Finito! Basta! Der Platz ist nicht nur panoramamäßig ideal: Wenn es wieder anfängt zu schütten, kann ich mich unter die steinerne Brücke verziehen. Das ist ein nicht zu überschätzender Standortvorteil.

Den Industriebau hinter mir ignoriere ich. Arbeitsplätze! Statt dessen blicke ich auf die Altstadt. Sie liegt am flachen Nordbogen des Kocher. Fast zweihundert Meter tief hat er sich hier in die Hohenloher Ebene gefräst. Das hat ein paar Millionen Jahre gedauert. Während der schattige Südhang mit dichtem Wald bedeckt ist, gehört der Rest den Weinbauern. Mittendrin steht das *Ingelfinger Fass*: Es ist das zweitgrößtes Holzfass Europas und beherbergt ein Weinbaumuseum.

Am nächsten Tag fahre ich weiter nach Künzelsau. „Unsere ganze Region sähe anders aus ohne das Weltunternehmen Würth" sagte

dessen Bürgermeister einst im Interview mit einer Lokalzeitung. Kein Wunder: Zwei Drittel der Gewerbesteuereinkünfte kommen aus dem Unternehmen. Es ist der Goldesel der Gegend. Die Wurzeln liegen am Bahnhof. Dort hat Adolf Würth nach dem Zweiten Weltkrieg eine Großhandelsfirma für Schrauben und Muttern eröffnet. Knapp zehn Jahre später starb er. Nicht einmal Fünfzig wurde er. Mutter Alma und sein Sohn, damals noch ein Teenager, übernahmen das Geschäft und zwei Angestellte. Heute sind es sechzigtausend in der ganzen Welt. Ohne Zweifel: eine schwäbische Erfolgsgeschichte. „Wir können alles außer Hochdeutsch!" warb die Landesregierung einst. Würth ist Teil dieser Legende.

Wenig später treffe ich auf eine weitere Legende. „Auf diese Steine können sie bauen." Lange vor Schwäbisch-Hall schwirrt mir der Ohrwurm irrlichterndernd durchs Hirn. Seit 1962 begleitet der Slogan den Werbeauftritt der gleichnamigen Bausparkasse. Sie hat in Deutschland rund Neumillionen Kunden - mehr als ein Zehntel der Gesamtbevölkerung. Die Bilanzsumme betrug 2011 fast Fünfzigmilliarden Euro. Das ist ein Sechstel des Bundeshaushaltes!

Eines der größten Unternehmen Deutschlands in der beschaulichen Provinz? Wie kam es dazu? Der Berliner Unternehmenssitz wurde 1943 ausgebombt. Was zu retten war, wurde nach Schwäbisch Hall verlegt. Nach dem Kriegsende blieb man einfach hier. Dem Erfolg hat die schwäbische Provinz nicht geschadet. Sein Turbo war, dass Deutschland in Trümmern lag. Wohnraum war Mangelware. Schwäbisch Hall finanzierte den Wiederaufbau. Der Staat gab später die Wohnungsbauprämie hinzu. Die Bausparkasse wuchs und wuchs und wuchs. Heute ist sie der größte örtliche Arbeitgeber – und der Goldesel von Schwäbisch-Hall.

Am Kocher herrscht ausgelassene Hochsommerstimmung. Das Wochenende steht vor der Tür. Im seichten Wasser planschen Kinder, im Stadtpark wird geruht und flaniert. Ich denke an Theodor Storms *Sommerabend*: „Freude ist jetzt überall, Wonne senkt sich nieder!"
Für mich hält sich die Wonne leider wenig später in Grenzen: Hinter der Stadt geht es steil bergauf, dann wieder hinunter nach Rosengarten – und gleich noch steiler bergauf. Ich kann gar nicht so schnell atmen, wie mein Körper nach Sauerstoff lechzt. Jemand hat am Ende der

brutalen Bergstrecke eine Parkbank aufgestellt. Danke. Als ich wieder zu Atem komme, schweift mein Blick über die Hochebene. Der Kocher versteckt sich tief unter mir im bewaldeten Tal. Es beginnt zu dämmern. Ich baue mein Nachtlager auf. „Hier wollen sie übernachten?" Warum nicht? „Es wird saukalt hier oben!" Der Spaziergänger zweifelt offensichtlich an meinem Verstand. Er sollte recht behalten. Am nächsten Morgen weckt mich kurz vor Sonnenaufgang eisige Kälte. Steif und zitternd koche meinen Frühstückskaffee. Danach führt mich der Radweg wieder ins Kochertal und am Fluss entlang nach Aalen. Nieselregen begleitet mich. „Bei gutem Wetter kann jeder!" rufen mir zwei rüstige Rentner auf Rennmaschinen zu. Später klart es auf. Sonntagswetter!

Am späten Abend komme ich in Aalen an. Hier endet für mich der offizielle Kocher-Jagst-Radweg. Er trollt sich jetzt weiter nach Lauchheim zur Jagst. Im Stadtpark sitzen Jugendliche am Fluss. Eine Flasche Sangria wird herumgereicht. Viele liegen bereits im Wasser. Außerhalb des Parks, der ohnehin die Nacht über geschlossen wird, finde ich eine Bank. Sie steht an einem Fußweg, der zwischen dem Kocher und einigen Apartmenthäusern verläuft. Von der nahen Kneipe wabert Musik zu mir herüber. Gassigeher ziehen in der Dunkelheit an mir vorbei. Hinter mir werden Rollläden geschlossen. Meine Anwesenheit stört niemanden. Ich störe niemanden. Zufrieden und mit der Welt im Reinen schlafe ich ein.
So friedlich war es in Aalen nicht immer. Im Ersten Koalitionskrieg 1796 wurde die Stadt geplündert. Während des Dritten Koalitionskrieges kam es noch ärger. Napoleon rückte mit vierzigtausend Soldaten an. Einige Tage später quartierten sich bayerische und österreichische Truppen ein, die ihm auf den Fersen waren. Der Heuschreckenschwarm hungriger Soldaten führte zu Nöten, die „mit keiner Feder zu beschreiben" seien, wird der Stadtschreiber später notieren. Es gibt in der Stadtgeschichte aber auch Highlights. Christian Friedrich Daniel Schubarts verbrachte hier seine Kindheit und Jugend. Er war Dichter, Komponist, Organist und Journalist. Bekannt wurde er durch seine scharf formulierten sozialkritischen Schriften, mit denen er die absolutistische Herrschaft und deren Dekadenz im damaligen Herzogtum Württemberg anprangerte. Ihm zu Ehren stiftete

die Stadt 1955 den Schubart-Literaturpreis. Er wird alle zwei Jahre an deutschsprachige Autoren verliehen, deren Werke dem „freiheitlichen und aufklärerischen Denken" Schubarts entsprechen.

Am nächsten Tag endet mein Rendezvous mit dem Kocher. Er verlässt mich, teilt sich auf und verschwindet im Karstgebirge. Ich muß mir einen neuen Fluss suchen, der mich nach Süden bringt. Am Brenztopf finde ich ihn. In Königsbronn tritt die Brenz aus dem Fels. Auswahl habe ich ohnehin nicht. Die Schwäbische Alb ist ein gewässerarmes Gebiet. Ich bin jetzt wenige Kilometer südlich der Europäischen Wasserscheide. Sie trennt die Zuläufe von Atlantik, Nordsee, Ostsee und Mittelmeer sowie Schwarzem Meer zwischen Gibraltar und Moskau. Wow! Ein Hauch von großer weiter Welt erfasst mich mitten in der schwäbischen Provinz.

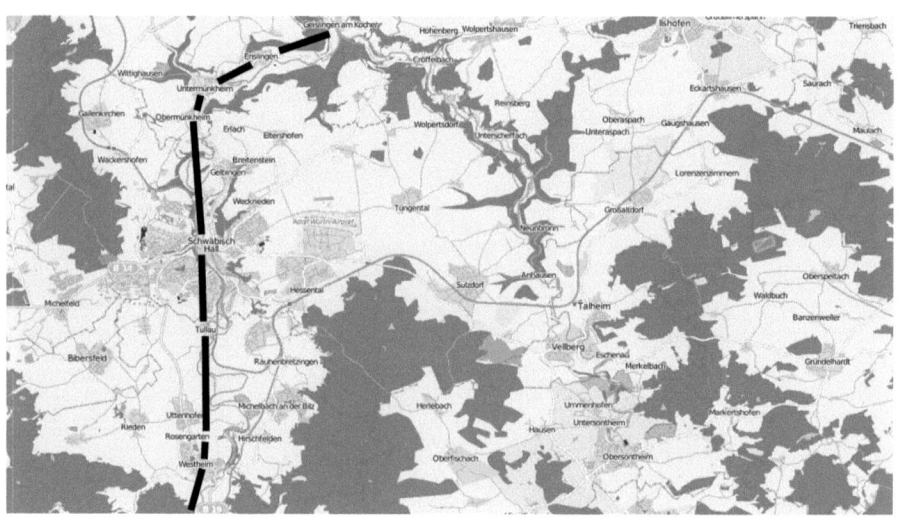

Schwäbische Alb
„Durch ein Gebirge, wüst und leer." (Ludwig Uhland)

„Als Kaiser Rotbart lobesam / Zum heil' gen Land gezogen kam, / Da musst' er mit dem frommen Heer / Durch ein Gebirge, wüst und leer. / Daselbst erhub sich große Not, / Viel Steine gab's und wenig Brot, / Und mancher deutsche Reitersmann / Hat dort den Trunk sich abgetan. / Den Pferden war's so schwach im Magen, / Fast musste der Reiter die Mähre tragen." Das schrieb einst Ludwig Uhland in dem Gedicht *Schwäbische Kunde*.

Meine Rosinante muß ich nicht tragen. Und im Gegensatz zu Barbarossas Zeiten führt mich ein gut ausgebauter Radweg Richtung Süden – mit Discountern hinter jeder Biegung. Verhungern muss ich nicht. Und auf Kreuzzug nach Italien bin ich ebenfalls nicht. Ich komme in friedlicher Absicht und will nur bis zum Bodensee. Die Haupttour des *radorado*® hilft mir dabei. Das Radwegekonzept erschließt entlang der malerischen Brenz eine ganze Region für Radler. Die Tour beginnt am Brenztopf, einer großen Karstquelle. Sanft quillt das Wasser aus der Felswand am Fuße des Herwartsteines in Königsbronn. Es bildet einen glasklaren Teich. Der erspart der Brenz das herummäandern in feuchten Wiesen. Die Sanftmut ist jedoch trügerisch: Pro Sekunde kommen hier bis zu zwanzigtausend Liter raus. Der Brenztopf ist eine der stärksten Quellen Deutschlands. Hineinfallen sollte man nicht: Eisige sieben Grad hat das Wasser. Kühlschranktemperatur! Die Brenzquelle ist schon seit Jahrhunderten mit einem Stauwehr versehen. Ihre Wasserkraft wurde früher zum Betrieb eines Eisenhammerwerks genutzt. Heute wäre das nicht konkurrenzfähig - im Gegensatz zu dem „Naturstrom", der hier seit über zehn Jahren erzeugt wird.

„Ich hab' den Krieg verhindern wollen." Selbst hier, in der entlegenen Ostalb, treffe ich auf Spuren der zwölf Jahre Nazi-Herrschaft. Georg Elser lebte hier. Es hat lange genug gedauert, bis er neben den Geschwistern Scholl und Claus Schenk Graf von Stauffenberg von der bundesdeutschen Öffentlichkeit als dritte Ikone des Widerstandes gegen Adolf Hitler und die Nazis anerkannt wurde. Eigentlich erst nach

dem Ende des Blockdenkens. Denn er war ein „Roter", ein Kommunist. Im Westdeutschland der Nachkriegszeit, dem Land direkt vor der „Eisernen Mauer", war das fast ein Schwerverbrechen. Daher wurde er lange Zeit ignoriert.

Wer war Georg Elser? Stichworte: Volksschule in Königsbronn, Lehre als Dreher in den ehemaligen Königlichen Hüttenwerken, die er jedoch zwei Jahre später aus gesundheitlichen Gründen abbrechen musste. Danach Schreinerlehre. Bestehen der Gesellenprüfung als Jahrgangsbester. Arbeitete bis 1925 in verschiedenen Schreinereien in Königsbronn, Aalen und Heidenheim als Bau- und Möbeltischler. Mitglied im *Roten Frontkämpferbund*, der Kampforganisation der KPD. Ab 1936 Hilfsarbeiter in einer Heidenheimer Armaturenfabrik.

Dort erlebte er die heimlichen Kriegsvorbereitungen. In der Zeitung las er vom Nachgeben der Westmächte bezüglich territorialer Forderungen des Deutschen Reichs: „Die von mir angestellten Betrachtungen zeitigten das Ergebnis, dass die Verhältnisse in Deutschland nur durch eine Beseitigung der augenblicklichen Führung geändert werden könnten. Unter der Führung verstand ich die ‚Obersten', ich meine damit Hitler, Göring und Goebbels. Durch meine Überlegungen kam ich zu der Überzeugung, dass durch die Beseitigung dieser drei Männer andere Männer an die Regierung kommen, die an das Ausland keine untragbaren Forderungen stellen, ‚die kein fremdes Land einbeziehen wollen' und die für eine Verbesserung der sozialen Verhältnisse der Arbeiterschaft Sorge tragen werden." So hält es das Gestapo-Protokoll nach seiner Verhaftung fest.

Seit dem *Münchner Abkommen* war Elser endgültig davon überzeugt, dass Hitler einen neuen Krieg plante und nur noch durch seine Ermordung größeres Unheil von Deutschland abwendet werden könne.

Da Hitler vor jedem Jahrestag seines gescheiterten Putschversuchs vom 9. November 1923 im Münchner Bürgerbräukeller eine Rede hielt, beschloss Elser, in die Säule direkt hinter dem Rednerpult eine Zeitbombe einzubauen. Er heuerte zunächst als Arbeiter im Steinbruch von Königsbronn-Itzelberg an, um sich Sprengstoff zu besorgen. Im Sommer 1939 zog er nach München und mietete dort eine kleine Werkstatt. Den Nachbarn gegenüber gab er sich als Erfinder aus. So konnte er unbemerkt einen Zeitzünder konstruieren. Ab Ende August suchte Elser den Bürgerbräukeller jeden Abend auf. Er nahm dort eine

einfache Arbeitermahlzeit zu sich und versteckte sich danach in einer Besenkammer. Den Schutt trug er am nächsten Tag unter den Augen der Kellnerinnen in einem Koffer hinaus. Das dauerte einem Monat.

Am 8. November 1939 explodierte seine Bombe exakt zur vorgesehenen Zeit: um 21:20 Uhr. Der Tyrannenmord misslang. Das Wetter war schuld. Es war mies. Hitler konnte nicht zurückfliegen. Auf die Reichsbahn angewiesen, hielt er sich kurz. So verpasste er seinen Tod um eine Viertelstunde.

Elser kam nicht weit. Bereits vor der Explosion nahm ihn der Zollgrenzschutz in Konstanz fest. Er machte sich verdächtig, weil seine Grenzkarte abgelaufen war. Als ihn die Zollbeamten daraufhin durchsuchten, fanden sie in seiner Tasche eine Ansichtskarte des Bürgerbräukellers, das Rotfrontkämpferbundabzeichen und Teile eines Zeitzünders. So penibel geplant sein Attentat war, so grottenschlecht war seine Fluchtplanung. Im Verhör bei der Gestapo gestand er, was ohnehin kaum zu leugnen war. Zwei Wochen später bauschten die Nazis den Fall auf. Für sie war er ein Geschenk. In der gleichgeschalteten deutschen Presse stellten sie eine in Wirklichkeit nicht existierende Verbindung zum Venlo-Zwischenfall her (siehe *Guido Block-Künzler: Einmal Aachen und zurück – mit dem Rad rund um Nordrhein-Westfalen*), der Hitler im Mai 1940 einen Vorwand für den Einmarsch in die Niederlande lieferte. Goebbels wollte Elsers Tat als Aktion des britischen Geheimdienstes ausgeben. Elser wurde daher nicht umgehend abgeurteilt und hingerichtet. Lebend schien er den Nazis bis zum „Endsieg" wertvoller. Der „Sonderhäftling des Führers" sollte in einem Schauprozess „beweisen", dass Deutschland angegriffen wurde, sich nur verteidigt habe.

Bekanntlich ging die Sache mit dem Endsieg voll in die Hose. Als selbst Hitler nicht mehr an den glaubte, ordnete er Elsers Hinrichtung an. Der Chef der Gestapo übermittelte den Auftrag am selben Tag noch dem Kommandanten des KZ Dachau: „Folgende Weisung ist ergangen: Bei einem der nächsten Terrorangriffe auf München bzw. auf die Umgebung von Dachau ist angeblich ‚Eller' tödlich verunglückt. Ich bitte, zu diesem Zweck ‚Eller' in absolut unauffälliger Weise nach Eintritt einer solchen Situation zu liquidieren. Ich bitte besorgt zu sein, dass darüber nur ganz wenige Personen, die ganz besonders zu verpflichten sind, Kenntnis erhalten. Die Vollzugsanzeige hierüber

würde dann etwa an mich lauten: ‚Am … anlässlich des Terrorangriffs auf … wurde u. a. der Schutzhäftling ‚Eller‘ tödlich verletzt.“

Der SS-Oberscharführer Theodor Bongartz ermordete Georg Elser durch einen Genickschuss. Das war angesichts des nahen Endes *Kadavergehorsam*. Der ist allerdings nicht typisch deutsch, wie viele meinen. Und auch nicht von den Nazis erfunden. Das Wort geht zurück auf den lateinischen Text der *Constitutiones*, die Ignatius von Loyola, der Gründer des Ordens der Jesuiten, als Satzung seines Ordens erarbeitete: „Wir sollen uns dessen bewusst sein, dass ein jeder von denen, die im Gehorsam leben, sich von der göttlichen Vorsehung mittels des Oberen führen und leiten lassen muss, als sei er ein toter Körper, der sich wohin auch immer bringen und auf welche Weise auch immer behandeln lässt, oder wie ein Stab eines alten Mannes, der dient, wo und wozu auch immer ihn der benutzen will.“ Macht die Sache aber auch nicht besser.

Über Elser wurde in seiner Familie ein halbes Jahrhundert lang nicht gesprochen. Was blieb von ihm? Der 68er-Schriftsteller Peter-Paul Zahl schrieb ein Bühnenwerk: *Johann Georg Elser. Ein deutsches Drama.* Rolf Hochhuth beklagte in einem Gedicht: „Nach drei Jahrzehnten nennt sein Heimatdorf / nach Johann Georg Elser eine Straße / – doch keine deutsche Stadt, nicht eine.“ An seinen 65. Todestag wurde - ein halbes Jahr vor meiner Radtour - am Bahnhof Königsbronn ein Mahnmal eingeweiht. Die Skulptur zeigt Elser, auf den Zug in Richtung München wartend. Dennoch sagt der Name vielen Deutschen heute noch nichts.

Zurück in die Gegenwart. Ich radle immer noch durch die Schwäbische Alb: Das sind knapp zweihundert Kilometer Jurakalk auf einem schmalen Steifen von knapp fünfzig Kilometern nördlich der Donau. Das Problem der Gegend: Wasser von oben versickert schneller, als man gucken kann. Besonders ertragreich ist das Land daher nicht. Dafür aber schön anzusehen: Eine durch Erosion zerteilte Hochebene, die nach Nordwesten durch einen markanten Steilabfall begrenzt wird. Nach Südosten hingegen fällt sie sanft ab zum Donautal. Mein Brenz-Radweg führt in der Hauptroute durch Landschaften, die man sich albschwäbischer kaum vorstellen kann. Ich werde ihm jedoch schon bald untreu, weil er zu arg nach Osten abdriftet. Eine Weile folge ich dem Lonetal, das ich bei bestem Sonntagswetter mit vielen

Besuchern teilen muss. Wussten Sie, dass hier die ältesten Zeugnisse menschlicher Kultur gefunden wurden? Das ist kein Zufall. Das Lone-Tal war vor dreißigtausend Jahren ein mitteleuropäisches *Shangra-La*, ein paradiesischer Ort. Der Grund: Im geschützten und fruchtbaren Tal der Ur-Lone konnte sich eine reiche Tierwelt ausbreiten. Mein Pfeil und Bogen ausgerüstet war die Gegend für unsere Vorfahren eine Art Supermarkt: „Wie viel Hirsch darf es den heute sein? Oder lieber doch Forelle?"

Vor Ulm treffe ich auf ein staugeplagtes Autobahnkreuz. Meine erste Autobahn seit Tagen – und dann gleich ein Kreuz! Die Zivilisation hat mich wieder. Ich will zurück ins schwäbische *Shangra-La*, wo ich den Tag einsam mit einem erfrischenden Sitzbad im glasklaren Wasser begonnen habe.

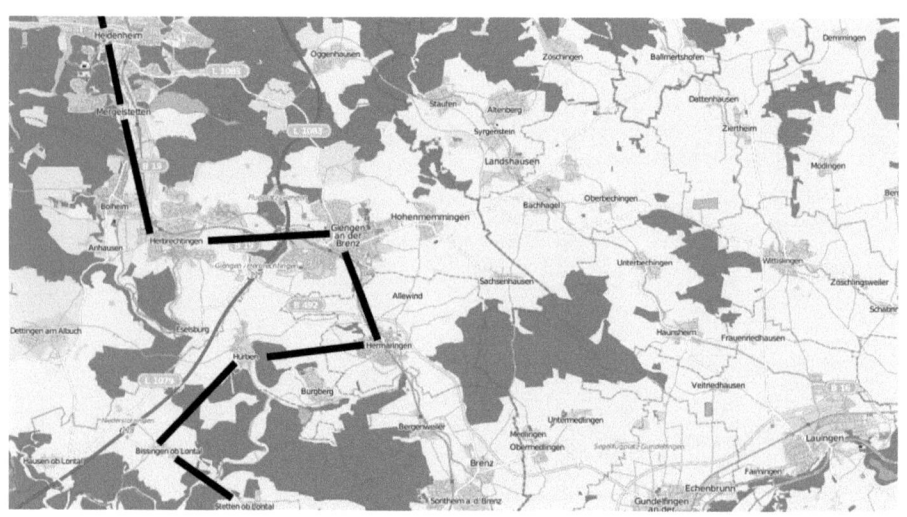

Ulm
„In Ulm, um Ulm und um Ulm herum."

„In Ulm, um Ulm und um Ulm herum." Der Zungenbrecher ist mindestens ebenso berühmt wie das gotische Münster. Mögen sie in Fernost heute Türme wie am Fließband in die Wolken bauen. Egal. Nur hier steht der höchste Kirchturm der Welt. Die Schwaben können eben alles besser! Auch das Bürgertum. Die Ulmer haben es erfunden – oder? Älteste Stadtverfassung, ältestes Stadttheater – und dann noch ein vollständig von den Bürgern finanziertes Münster! Mehr hatte lange keine deutsche Stadt an bürgerschaftlichem Gemeinsinn zu bieten.

Es gab auch schlechte Zeiten. Viele Schwaben trafen sich hier mit Ulmer Bürgern, um Donau-abwärts im Südosten Europas ein besseres Leben zu finden. Auch den mit Abstand bekanntesten Sohn der Stadt hielt es nicht in Ulm. Später sagte er: „Die Stadt der Geburt hängt dem Leben als etwas ebenso Einzigartiges an wie die Herkunft von der leiblichen Mutter. Auch der Geburtsstadt verdanken wir einen Teil unseres Wesens. So gedenke ich Ulm in Dankbarkeit, da es edle künstlerische Tradition mit schlichter und gesunder Wesensart verbindet." Albert Einsteins jüdische Vorfahren waren schon seit Jahrhunderten im schwäbischen Raum ansässig. Der erste namentlich nachgewiesene Vorfahre wurde bereits im 17. Jahrhundert in die Gemeinde aufgenommen: Ein aus dem Bodenseeraum stammender Pferde- und Tuchhändler namens Baruch Moses Ainstein. Mit Handel hatte Albert Einstein allerdings nichts am Hut. Auch die Arbeit als technischer Experte 3. Klasse beim Schweizer Patentamt in Bern langweilte ihn. Ein großer Geist, gefangen in einer Bürokratie. Lieber dachte er über Raum, Zeit und Gravitation nach. Und das auf eine Art, die Otto-Normalo noch heute das Hirn verknotet. Heraus kam eine Theorie, die das physikalische Weltbild revolutionierte. Bislang hatten alle nur mit Bauklötzen gespielt. Einstein versuchte zu ergründen, was die Welt im Innersten zusammenhält.

Jeder kennt sie - doch die Wenigsten können mit der Relativitätstheorie etwas anfangen: Aus Masse wird Energie – und umgekehrt?! Klasse Tipp für Radler. Uhren laufen langsamer, wenn sie sich bewegen?! Erzählen Sie das ihrem Chef. Die Raum-Zeit ist in der Nähe großer

Massen gekrümmt?! Achtung Wanderer: Seid vorsichtig in den Alpen! In der *Raumzeit* gäbe es, aufgrund der Relativität von Längen und Zeitspannen, nur drei klar unterscheidbare Bereiche für jeden Beobachter: Im Zukunftslichtkegel lägen alle Punkte, die der Beobachter mit Lichtgeschwindigkeit erreichen oder an die er ein Lichtsignal senden könne. Der Vergangenheitslichtkegel umfasse alle Punkte, von denen aus ein Signal mit Lichtgeschwindigkeit den Beobachter erreichen könne. Alle restlichen Punkte hießen „vom Beobachter raumartig getrennt", weil sich im Universum nichts schneller als das Licht bewegen könne. In diesem Bereich ließen sich Zukunft und Vergangenheit nicht definieren.

Geht's noch? Hat er gekifft? Nein. Hier hängt Einstein Otto-Normaldenker endgültig ab. Darauf hat uns die Evolution nicht vorbereitet. Einsteins Weltbild geht weit über unsere Alltagserfahrungen hinaus. Unser Hirn ist von der Evolution auf das tägliche Überleben programmiert: Frisst es dich, oder kannst du es fressen? So in der Art. Die Ureinwohner des Lone-Tals kamen damit gut durchs Leben. Selbst im modernen Berufsleben ist diese Grundausstattung noch hilfreich. Was die Welt im Innersten zusammenhält, das können wir damit nicht begreifen.

Doch auch Einsteins großer Geist stieß auf Grenzen. Bis zu seinem Tod mühte er sich vergeblich, eine *Weltformel* zu finden. Die sollte wirklich ALLES erklären. Jedenfalls per Mathe. Allerdings: Die Telefonnummer vom lieben Gott wäre auch das nicht geworden. Die Nummer mit der Weltformel ist bis heute keinem anderen Forscher gelungen. Im Gegenteil: Es wird immer abgedrehter, was uns die theoretische Physik an Welterklärung anbietet: Strings, Paralleluniversen? Vom Urknall bis zum Durchknall? Da halte ich mich doch lieber an Douglas Adams: „Don't panic!" *(The Hitchhiker's Guide to the Galaxy).* Und mache einen Roten auf. Später am Tag, ich will ja noch weiter.

Natürlich erstmal zum Münster. Übersehen kann ich es nicht. Hundertsechzig Meter! Genauer: 161,53 Meter. Es ist ein Gotteshaus der Evangelischen Kirche. Die lässt ihre Tempel normalerweise etwas bescheidener ausfallen. Woher also der Pomp? Stehend haben hier über zwanzigtausend Gläubige Platz. Die Lutherischen haben solche

Massenveranstaltungen nur auf Kirchentagen. Und die gibt es erst seit Gründung der Bundesrepublik Deutschland. Des Rätsels Lösung: Der Grundstein wurde bereits 1377 gelegt. Damals war die freie Reichstadt Ulm noch römisch-katholisch. Abgewählt! 1531 trat die Stadt durch Abstimmung der Bürgerschaft dem protestantischen Glauben bei.

Ich verrenke mir den Hals und schaue hinauf zum Hauptturm. Wenn ich wollte, könnte ich die fast achthundert Stufen bis zur Galerie steigen. Von dort böte sich mir ein eindrucksvolles Panorama der Stadt und ihrer Umgebung. Bei Fön kann man über ganz Oberschwaben bis hin zu den Alpen sehen. Ich will aber nicht. Bereits bei dem Gedanken wird flau im Magen. Statt dessen schiebe ich Rosinante zurück Richtung Donauufer.

Auf dem Weg komme ich erneut am Rathaus vorbei. Dort entdecke ich eine Gedenktafel, die an Johannes Keppler erinnert: „K. gab hier die Rudolfinischen Tafeln heraus und schuf durch den Kepplerkessel die Grundlage zu einem geordneten reichsstädtischen Maß- und Gewichtswesen." Kepler war nicht irgendwer. Ohne ihn sind die modernen Naturwissenschaften kaum denkbar. Allerdings blieb er nur ein Jahr in Ulm. Und das kam so: An der Universität Tübingen hielt man wenig davon, dass er Kopernikus ernst nahm. Die Erde kreist um die Sonne? Wo kämen wir denn da hin. Wir nicht im Mittelpunkt? Darf nicht sein. Man blieb in Tübingen konfessionsübergreifend lieber beim guten alten Aristoteles. Damit konnte er sich dort eine Professorenkarriere abschminken. Doch auch ein großer Geist braucht mehr als geistige Nahrung. Er zog zwecks Broterwerbs weiter. Über Graz, wo er einen Lehrauftrag für Mathematik an der evangelischen Stiftsschule bekam, vor der Gegenreformation aber fliehen musste, landete er als Assistent von Tycho Brahe in Prag. Galileo Galilei hatte keine Verwendung für ihn. Zweimal schrieb er ihm. Keine Antwort unter dieser Nummer. Schade. Was hätte aus dieser Verbindung werden können!

Nach Brahes Tod wurde Kepler kaiserlicher Hofmathematiker in Prag. Das ging zwölf Jahre gut. Im Jahr 1612 starb sein oberster Dienstherr und Gönner: der habsburgische Kaiser des Heiligen Römischen Reichs Rudolf II. - ein bedeutender Förderer von Kunst und Wissenschaft. Um den wachsenden religiösen Spannungen zu entfliehen, zog Kepler wieder weiter. „Ein Genie auf ständiger Wanderschaft" könnte man seine Biografie untertiteln. Er nahm den Posten eines oberösterreichischen Provinzmathematikers in Linz an. Künftig verdiente er sein Geld als Landvermesser. Überqualifiziert, aber wenigstens konnte er seine Familie ernähren. Das ging knapp fünfzehn Jahre gut. Dann häuften sich auch hier die Probleme. Kepler hatte Schwierigkeiten, seine Geldforderungen einzutreiben. Seine Bibliothek wurde zeitweise beschlagnahmt, seine Kinder zur Teilnahme an der katholischen Messe gezwungen. Während des Oberösterreichischen Bauernkriegs ging die Druckerei in Flammen auf, in der die *Tabulae Rudolfinae* gedruckt werden sollten. Es ging nicht um irgendwelche Tabellen. Isaac Newton dienten sie später als Grundlage zur Herleitung der Gravitationstheorie. Sie waren das Ergebnis langjähriger Auswertung der Aufzeichnungen Tycho Brahes. Keppler beschrieb darin die Positionen der Planeten mit bis dahin unerreichter Genauigkeit. Um sein letztes großes Werk zu retten, übersiedelte er nach Ulm.

Wie kam er ausgerechnet auf Ulm? Sein Briefkontakt mit dem Rektor des Ulmer Gymnasiums war schuld. Der empfahl ihm den Drucker Jonas Saur. Der Mainzer Johannes Gensfleisch, genannt Gutenberg, hatte den Buchdruck zwar schon knapp zweihundert Jahre früher erfunden – gute Drucker waren dennoch rar. Im Dezember 1626 bezog er Quartier im Kohlgässlein, gerade gegenüber der Druckerei. Vertrauen ist gut, Kontrolle ist besser.

Die Ulmer Ratsherren freuten sich über den hohen Besuch. Sie hatten ein Problem. In der Stadt der Händler gab es Chaos bei den Eichmaßen. Das konnte so nicht weitergehen. Auch Kleinvieh macht Mist. So beauftragte der Rat den großen Denker, der schon den Himmel in Ordnung gebracht hatte, ein neues Eichsystem auf Erden zu schaffen. Schon zwei Monate später lag sein Gutachten vor. War ja keine sooo große Sache - jedenfalls nicht für einen Keppler. Er empfahl die Anfertigung eines zylindrischen Modellgefäßes, das die exakten Längen-, Raum-, und Gewichtseinheiten in sich vereinte und geometrisch sowie arithmetisch zueinander in Beziehung setzte. Klingt kompliziert. Die Bedienungsanleitung lies er daher vorsichtshalber eingravieren: „Zween schuch mein tieffe, ein eln min quer, ein geeychter aimer macht mich lehr, dann seyn mir vierthalb centner bliben, voll Thonawwasser wäg ich siben. Doch lieber mich mit kernen eich und vierundsechzig mahl abstreich, so bistu neunzig Ime reich." Alles klar?

Zurück an der Donau wummern immer noch die Bongos. Junge Leute feiern den Bilderbuchsommertag. Auf der Mauer, unter der Mauer, an der Donau – überall wird flaniert. Entspannt – wie es die asiatischen Reisegruppen „Europa in einer Woche" selten sind. Dennoch sollten wir sie mit einem herzlichen „Ni hao!" willkommen heißen. Alleine die Chinesen geben jährlich einhundert Milliarden Dollar für Reisen aus. Und sie lieben Deutschlands Mittelalter!

Am Donau-Radweg gibt's kein Mittelalter, also auch keine Chinesen. Dafür begegne ich einem Mann, der an einem Seil hängt. Mit seinen Füßen stemmt er sich gegen die Wassergewalt. Sein Wakeboard hüpft über ihre Wellen. Die Ulmer lieben ihren Fluss. Auf dem grünlich schimmernden Wasser findet sich alles, was irgendwie trägt: Autoreifen, grellbunte Badeboote, Kajaks, ein Ausflugsschiff und die schlanken Rennmaschinen der Rudervereine. Auf den Kiesbänken tummeln sich Sonnenanbeter. Manche stehen knietief im Wasser. Hinein wagen sich nur wenige. Auch im Hochsommer schafft es die Donau selten über siebzehn Grad.

Ich verlasse Ulm und folge der Donau ein kurzes Stück Richtung Quelle. Lothar-Günther Buchheim - Maler, Fotograf, Verleger, Romanautor, Filmemacher, Kunstsammler und Gründer des *Buchheim-Museums der Phantasie* in Bernried am Starnberger See - ist vor Jahrzehnten den umgekehrten Weg gefahren: mit dem Faltboot zur Mündung. Sein Reisebericht gehört zum Allerfeinsten, was in der Sparte zu haben ist. Meine Lieblingsstelle: „Es ist unsagbar still. Der Wind schläft schon, und das Wasser gibt am Ufer nur noch einen ganz kleinen knisternden Ton. Die Stille beginnt zu wachsen. Sie wird immer größer und schwerer, und ich bin ganz allein mit meinen Gedanken …Der Mond ist heraufgekommen. Tastend schüttet er fahles Licht über das ungewisse Land und den ruhelosen Strom. Sterne stehen am Himmel wie im Nachtschwarz haften gebliebener Funken aus meinem Feuer, und die weißliche Schlange, die sich gequält von der glühenden Asche loswindet, legt sich als Milchstraße breit darüber hin." (*Tage und*

Nächte steigen aus dem Strom. Eine Donaufahrt.). Besser kann man die Faszination des Outdoor-Lebens nicht beschreiben.

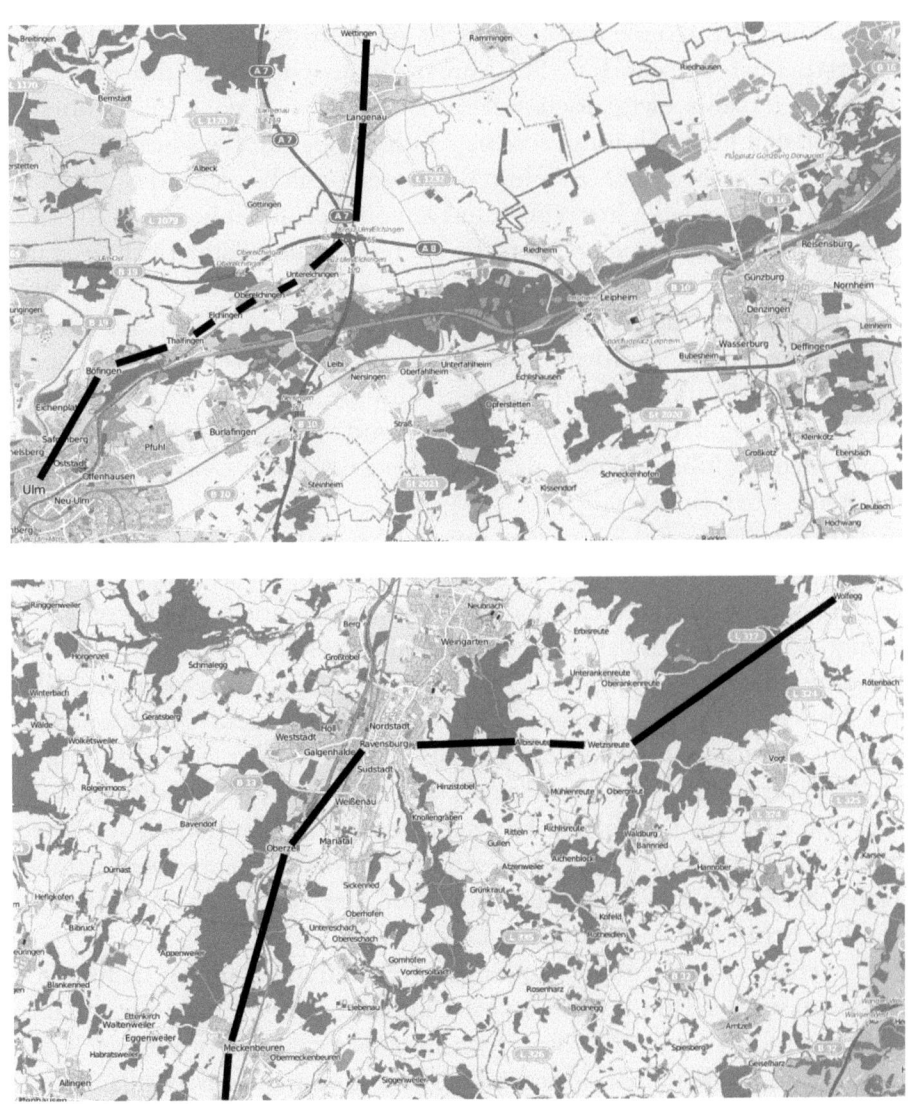

Oberschwaben
„Du kleiner Ort, wo ich das erste Licht gesogen …"
(Christoph Martin Wieland)

„Du kleiner Ort, wo ich das erste Licht gesogen, / Den ersten Schmerz, die erste Lust empfand, / Sei immerhin unscheinbar, unbekannt. / Mein Herz bleibt ewig doch vor allen Dir gewogen, / Fühlt überall nach Dir sich heimlich hingezogen, / Fühlt selbst im Paradies sich noch aus Dir verbannt. / O möchte wenigstens mich nicht die Ahnung trügen, / Bei meinen Vätern einst in Deinem Schoß zu liegen."
Es sollte anders kommen. Oberschwabens bedeutendster Dichter starb in Weimar. Er entwickelte sich hier zu einem der wichtigsten Schriftsteller der Aufklärung. Nicht Genug damit. Wieland war Senior des klassischen Viergestirns von Weimar. Ähem. Wer war das noch mal? Repetitorium: Wieland, Herder, Goethe und Schiller. Mit Kant, Hegel, Fichte, Heine, Marx, Engels und Börne begründeten sie Deutschlands globale Marke als *Nation der Dichter und Denker*. Nicht alle sind heute noch beliebt.
Wieland wurde im Schlossgarten von Oßmannstedt bei Weimar neben seiner Frau und Sophie Brentano, der früh verstorbenen Lieblingsschwester von Clemens Brentano, begraben. So hatte er es verfügt. Von Oberschwaben trennten ihn inzwischen Lichtjahre.
Ich fahre später durch seinen Geburtsort Oberholzheim zwischen Iller und Donau. Doch zunächst überquere ich auf dem Naturlehrpfad Donau-Gronne-Lichternsee die Donau. Still ist es hier. Selten kommen mir Radfahrer entgegen. Im Wasser spiegelt sich die Auenlandschaft. Über die östliche Route des Donau-Bodensee-Radwegs will ich nach Friedrichshafen. Sanfte Hügellandschaften erwarten mich. Der Himmel macht dicht. Ein Gewitter zieht auf. Auf den Feldern bergen Bauern eilig ihre Ernte. Ich suche mir ein Dach überm Kopf.
Der nächste Tag beginnt novembergrau. Mein Radweg führt vor Laupheim an der Bundesstraße von Ulm nach Friedrichshafen entlang. Kein Auto fährt ohne Licht. In Oechsenhausen, dem „Himmelreich des Barock", überfalle ich eine Futterstelle und koche mir im Windschatten des Discounters mein Mittagessen. Die Nachfahren der Jäger und Sammler schieben ihre Einkaufswagen an mir vorbei. Manche grüßen

50

freundlich, andere meditieren über ihrer mentalen Einkaufsliste. Oder fehlt ihnen einfach die Achtsamkeit?

Satt und zufrieden bin ich danach bereit für das Kulturprogramm. Das beginnt mit der „Öchsle"-Bahn, einer Museumseisenbahn. Heute ist hier kein Betrieb. Wie der aussieht, werde ich zwei Jahre später an der Ostsee in Kappeln an der Schlei erleben: beeindruckend, aber man fühlt sich wie mitten in einem Räucherofen.

Das Bahnhofsensemble steht unter Denkmalschutz. Ebenso wie die ehemalige Reichsabtei, die bis zur Säkularisation 1803 ein Benediktinerkloster war. Reichsgraf Franz Georg Karl von Metternich erhielt sie als Entschädigung für seine linksrheinischen Besitzungen. Metternich? Da war doch was? Wiener Kongress 1814/1815. Restauration. Österreichischer Außenminister. Bingo! Es handelt sich allerdings um den Vater des unbeliebtesten Politikers aller Zeiten. Klemens Wenzel Lothar von Metternich wurde erst nach dessen Tod im Jahre 1818 Fürst von Ochsenhausen. Er scherte sich wenig um sein Erbe. Selbst das Stimmrecht in der württembergischen Ständeversammlung, an deren Ende die Annahme der Verfassung des Königreichs Württemberg stand, nahm er nicht persönlich wahr. Kein Wunder. Der Fürst der Finsternis hatte alle Hände voll zu tun. Nach der Französischen Revolution und Napoleons Feldzügen lauerten Aufmüpfige an jeder Straßenecke. Selbst wenn da niemand lauerte, sah er dort einen, der die bestehende Ordnung gefährden könnte. Er kämpfte in der Restaurationszeit für das monarchische Prinzip und gegen die nationalen und liberalen Bewegungen. Nicht mit dem Schwert in der Hand. Seine Waffe waren Zensur und Spitzelwesen. Er perfektionierte den Polizei- und Überwachungsstaat. Auf sein Betreiben hin wurden 1819 die Karlsbader Beschlüsse erlassen: Die Tätigkeit der Burschenschaften wurde verboten, die Freiheit von Presse und Universitäten massiv eingeschränkt und die Verfassungsdiskussion beendet.

Auf Metternich ging auch die Einrichtung der Mainzer „Zentralkommission zur Untersuchung hochverräterischer Umtriebe" zurück. Das war eine historische Vorwegnahme des *McCarthyismus*: der Verfolgung echter oder vermeintlicher Kommunisten und deren angeblicher Sympathisanten in der Anfangsphase des Kalten Krieges. Die nahm ebenso paranoide Züge an. Beispiel: Im Juni 1951 verlas der republikanische Abgeordnete Donald L. Jackson im Repräsentantenhaus einen Zeitungsartikel, der Thomas Mann als „one of the world's foremost apologists for Stalin and company" bezeichnete. Thomas Mann ein verkappter Roter? Klar - belegen das doch seine *Buddenbrooks*: „Je, Herr Kunsel, ick seg man bloß: wi wull nu 'ne Republike, seg ick man bloß."

Metternich verkaufte das Anwesen in Oechsenhausen samt Ländereien für über eine Millionen Gulden an den württembergischen Staat. Der nutzt es heute als Landesmusikschule. Junge Leute flanieren vor mir im Park. Aus einem geöffneten Fenster wabert Chopins *Regentropfen-Prélude*. Ich setze mich auf eine Bank und höre eine Weile zu. Pochender Tod? Jedenfalls entschleunigend. Danach lasse ich mich Beschleunigen. Ich rolle die Schlossstraße mit „Huiii" hinunter ins Tal. Ein kurzes Vergnügen. Das Wesen von Tälern ist es, dass ihnen Berge folgen, will man nicht ihr Gefangener bleiben. Steil geht es bergauf nach Hattenburg und Rottum.

In Bellamont raste ich am Dorfteich. Gegenüber spielen Kinder. Mit Anbruch der Dämmerung werden sie ins Haus gescheucht. Nebenan trainiert die Fußballmannschaft des Dorfes für die Champions League, oder? Mit großem Ernst befolgen sie die Anweisungen des Trainers, die über den Weiher schallen. Hunde bellen, Gänse schnattern, Traktoren tuckern. Als die Nacht hereinbricht, legt sich die Ruhe bleiern über das schwarze Wasser. Entspannt sitze ich noch eine Stunde auf meinem Ansitz und genieße die dörfliche Stille – nur unterbrochen von einem Huhn, das noch nicht schlafen will und einigen Oberschwaben, die auf der nahen Landstraße ins Nirgendwo fahren, statt zu Hause vor dem modernen Lagerfeuer zu hocken.

Am nächsten Tag werde ich von einer Baukolonne geweckt. Keine Ahnung, was sie da tun. Jedenfalls macht es Lärm. Futsch ist die Idylle. „Hier gelagert?" Einer der Arbeiter kommt in der Frühstückspause auf mich zu. „Jo!" Am frühen Morgen bin ich norddeutsch knapp. Smalltalk bitte erst nach dem Frühstück! Aber ich will nicht unhöflich sein. Während ich zusammenpacke, kommen wir ins Gespräch. „Ich habe letztes Jahr mit der Familie auch eine Radtour gemacht. Eigentlich kann ich mir das nicht leisten. Mallorca ist billiger." Hmmm. „Schon mal an Camping gedacht?" Ist eher nicht sein Ding. „Mit Kindern und dem ganzen Krempel, den man mit sich rumschleppen muss?"

Ich fahre weiter nach Füramoos. Das klingt schon eher nach Oberschwaben. St. Matthäus wacht am Wegesrand. Jener Apostel, der uns Bergpredigt, Feindesliebe und das Vaterunser überliefert hat und uns mit auf die Lebensreise gab: „Euch aber muss es zuerst um sein Reich und um seine Gerechtigkeit gehen; dann wird euch alles andere dazugegeben." Frommer geht nimmer.

Weiter geht es durch stilles Land. Abgeschiedene Dörfer, Wirtschaftswege, Wald, Wiesen und Äcker: kleinbäuerliches Agrarland eben. Keine Autobahnen, keine Schnellstraßen und selten einmal Landstraßen kreuzen meinen Weg. Weites Land mit eingesprenkelten Gehöften breitet sich vor mir aus. Traktoren begegnen mir. „Gott segne unsere Fluren" steht auf einem Kreuz am Wegesrand in Rohrbach. Die vergoldete Christusfigur strahlt mit der Sonne um die Wette. Man sieht so etwas hier häufig. Nur die Malteser sind noch katholischer. Die bringen es auf eine Kirche pro Quadratkilometer. Was dazu wohl die „schwäbische Hausfrau" sagt?

Ich komme an einem kleinen See vorbei. Baden? Leider Fehlanzeige. Er ist vollständig mit Schilf umwachsen. Schade. Unter Schönwetterwölkchen fahre ich weiter durch saftige Wiesen. Kühe muhen und fressen sich durch das Gras, Trecker tuckern mir entgegen. Gänse schnattern.

In Wolfegg klärt mich ein Lehrpfad über die Obstbaumkultur Oberschwabens auf. Die reicht zurück bis in die Steinzeit. Richtig los ging es aber erst unter Karl dem Großen und Friedrich Barbarossa. Obstgärten erhielten Zehntfreiheit. Das „Baumverderben" wurde mit hohen Strafen geahndet. Im 15. und 16.Jahrhundert dehnte sich der Obstbau von den Siedlungen in die freie Landschaft aus. Im 19.Jahrhundert herrschte sogar Obstbaumplanwirtschaft. In Schwaben! Die „Generalskripten" schrieben vor, wie viele Obstbäume jeder Bürger zu pflanzen und zu pflegen hatte. Im nächsten Jahrhundert kam die „freie" Marktwirtschaft. Die Flut von Südfrüchten, der Intensivanbau in Plantagen am Bodensee, Flurbereinigungen und Straßenbau hätten Oberschwabens Streuobstwiesen beinahe den Garaus gemacht. Das verhinderte die Liebe der Oberschwaben zu ihrem Nationalgetränk: „Es geht nix über a Glas Moscht!" Genussguerilla gegen ökonomische Globalisierung und industrielle Landwirtschaft.

Vorbei am Bauernhausmuseum, wo jedes Wochenende Leute Tätigkeiten wie in früheren Zeiten nachgehen, fahre ich weiter Richtung Weingarten und lande plötzlich auf einem Schotterweg. Der führt mich endlos durch dichten Wald. Der Otto-Normalpionier in mir schreit nach einer gefühlten Ewigkeit: „Hilfe! Ich will hier raus." Seit den Gebrüdern Grimm wissen wir, dass Abenteuer im finstren Wald böse enden können. An einer Gabelung fehlen die Wegweiser. Was tun? „Högschde Disziplin" ist jetzt angesagt. „Don't panic!" sage ich zu mir und wähle den Weg bergauf. So schnell gebe ich erstrampelte Höhe nicht preis. Goldrichtig! Nach zehn Kilometern Waldeinsamkeit erreiche ich die Zivilisation: einen Gasthof in idyllischer Lage. Am Naturfreundehaus „Butzenberger Alm" raste ich und genieße erleichtert den Ausblick auf das kultivierte Ravensburger Land. „Arme Römer!" denke ich. Sie mussten sich noch durch endlose germanische Wälder quälen – und hinter jedem Baum konnte ein Nordländer liegen, der etwas dagegen hatte, das Land mit ihnen zu teilen.

Der Altdorfer Wald, durch den ich gerade gefahren bin, ist weit und breit das größte zusammenhängende Waldgebiet. Das meiste davon gehört dem Fürstenhaus Waldburg-Wolfegg. Wie kommt man zu so viel Besitz? Alter Adel. Die Erklärung jenseits der *Bunten*: Truchsess Georg III. von Waldburg war Heerführer des Schwäbischen Bundes im Bauernkrieg. Er hatte entscheidenden Anteil an der Niederwerfung der Aufstände. Bernt Engelmann schrieb dazu in seinem alternativen Geschichtsbuch *Wir Untertanen*: „Der Truchseß von Waldburg, den man bald den *Bauernjörg* nannte, zeichnete sich nicht allein durch militärisches Führertalent aus, sondern auch durch Geschmeidigkeit im Verhandeln, durch Beherrschung von Hinhaltetaktiken, durch die Fähigkeit zu skrupellosem Verrat, Geschicklichkeit im Einsatz von Spitzeln, kalte Grausamkeit und zügellose Habgier. Und er hatte den Ehrgeiz, selbst ein Feudalherr großen Stils zu werden." Das ist ihm gelungen. Sein Grundbesitz wurde durch eingezogenes Bauernland gewaltig vergrößert: „Die Erben des Bauern-Jörgs, die Fürsten von Waldburg zu Zeil und Trauchburg sowie die Fürsten von Waldburg zu Wolfegg und Waldsee, sind bis auf den heutigen Tag die reichsten Großgrundbesitzer jener Gegend, in der die erste deutsche Revolution begann und wo die gepanzerten Reiter des Truchseß von Waldburg einst Dorf um Dorf niederbrannten, die Bewohner erschlugen, ihr Land

raubten und die noch arbeitsfähigen Männer als Fronhöfe ihres Chefs trieben, der sich mit Büß- und Lösegeldern überreichlich die Taschen gefüllt hatte." Auch sein zweites Ziel hat er erreicht: „Es kam den Herrschenden darauf an, das Volk so einzuschüchtern, dass es sich niemals wieder gegen sie erheben würde … Der Feudalismus siegte auf der ganzen Linie, und er erreichte auch sein Ziel: Von da an gab es in Deutschland drei Jahrhunderte lang so gut wie keinen größeren Aufstand mehr." So weit Engelmann zur gescheiterten Revolution des frühen 16. Jahrhunderts.

Zurück zur Gegenwart. Ich rolle hinunter nach Ravensburg. Die ehemalige Freie Reichsstadt liegt im Schussental unweit des Bodensees. Sie wurde aufgrund ihrer zahlreichen mittelalterlichen Türme im Marketingsprech auch als „das schwäbische Nürnberg" bezeichnet. Dunkle Regenwolken hängen über der ehemaligen Abteikirche Weißenau. In der Altstadt sitzen die Leute und trinken ihr Feierabendbier. Bis zum Bodensee sind es jetzt noch etwa achtzehn Kilometer. Luftlinie! Obwohl bereits die Dämmerung beginnt, fahre ich durch das Schussental in die Nacht hinein nach Friedrichshafen. Die Bodenseestadt empfängt mich mit einem Lichtermeer am Flughafen. Das Dorniermuseum schwebt wie ein blaues UFO am Ende des Geländes. Die Innenstadt ist leer gefegt. Erst am Busbahnhof treffe ich auf einige Ureinwohner. Nach dem Höllenritt bin ich nicht mehr sehr gesprächig. Ich will nur noch „ins Bett". Schleunigst muß ich einen Platz für meinen Biwaksack finden. Am Fährhafen vertraue meinem Gefühl, schiebe Richtung Lindau – und finde (Voilá!) eine Wiese. Ein weitläufiger Sandstrand wäre mir lieber, aber das Leben ist kein Wunschkonzert. Im Park dahinter sitzen alkoholisierte Jugendliche, die ich nur als Schatten wahrnehme. Unwohl ist mir schon. Ich bin aber nach dem Gewaltritt so fertig, dass ich keinen Zentimeter weiter kann. Also rolle ich mein Bett aus und halte mich wach, bis sie sich verziehen. Immerhin liegt jetzt der Bodensee vor mir. Überall am Schweizer Ufer funkeln die Lichter. Das ist schön, das entspannt mich.

Bodensee
Das „Schwäbische Meer"

Früh am Morgen wecken mich Mückenstiche. „Kein Paradies ohne Mücken!" textete Wilhelm Busch. Ein Paradies ist das Bodenseepanorama vor mir ohne Zweifel. Hinter den Nebelschwaden auf dem See funkeln mir schneebedeckte Berge entgegen, angestrahlt von der Morgensonne. Die poetische Bezeichnung „Schwäbisches Meer" haben Autoren der frühen Neuzeit vermutlich von Tacitus übernommen. Wie auch immer: Sie trifft. Die Weite und der Panoramablick machen den Unterschied zum See.
Gemeinsam mit einer Kolonie Schwäne frühstücke ich: sie das Gras, ich die Vollkornkekse. Umgekehrt würde das nur einem von uns gefallen. „Wau, wau, wau!" Die friedliche Morgenidylle wird durch einen fiesen Mops gestört. Der findet höllischen Spaß daran, meine Schwäne zu jagen. Sein Herrchen schaut unbeteiligt zu. „Fiesling!" Das aber denke ich nur. Meine graziösen Mitgeschöpfe bringen sich stoisch auf dem See in Sicherheit. Sie kennen das wohl schon. Ich greife nach meinem Pfefferspray. „Komm nur, Du kleines Biest!" Es kommt nicht. Tatsächlich ist der Fiese ja auch nicht der Mops. Irgendwann ist der Spuk vorbei. Ich bin gerade dabei aufzusitzen, als ein Rentnerpaar an mir vorbeispaziert. Morgenspaziergang. „Haben sie hier übernachtet?" Sieht wohl eher nicht nach Picknick aus. „Mutig." Das finde ich auch.

Ich schiebe mein Rad durch die Friedrichshafener Fußgängerzone. Die schläft am frühen Morgen noch. Über der Stadt schwebt bereits lautlos der erste Zeppelin des Tages. Friedrichshafen ist deren Heimat. Am 2. Juli 1900 um 20:03 Uhr fand unter den Augen von etwa zwölftausend Zuschauern der erste Aufstieg statt. Oberst a.D. Graf von Zeppelin hatte seinen Traum wahr gemacht. Knapp zehn Jahre später wurden die ersten Fahrgäste von der Deutschen Luftschifffahrts-AG befördert. Das war die erste Luftreederei der Welt. Während des Ersten Weltkriegs stand die militärische Nutzung im Vordergrund. Die siegreichen Alliierten verlangten danach eine vollständige Entwaffnung der deutschen Luftstreitkräfte. Graf von Zeppelin war 1917, noch vor Ende des Krieges, verstorben. Mit Hugo Eckener hat dann ein Mann die Führung des Unternehmens übernommen, der schon lange eher die friedliche als die militärische Nutzung der Luftschiffe im Auge gehabt hatte. Ab August 1919 beförderte die „Bodensee" Fahrgäste im Liniendienst zwischen Friedrichshafen und Berlin. Etwa zehn Jahre später wurde ein transatlantischer Liniendienst eingerichtet. Drei Jahre danach kamen die Nazis an die Macht. Eckeners Vision vom Völker verbindenden Weltluftschiffverkehr teilten sie nicht. Dennoch ließen sie die Luftschiffe vorerst weiterfliegen - bis am 6. Mai 1937 bei der Landung in Lakehurst das Heck von LZ 129 Feuer fing. Innerhalb von Sekunden ging das größte Luftschiff aller Zeiten in Flammen auf. Im März 1940 ordnete Göring die Sprengung der Luftschiffhallen und die Abwrackung der beiden verbliebenen Luftschiffe an.

Erst vor zwanzig Jahren ging es weiter. 1993 wurde in Friedrichshafen die Zeppelin Luftschifftechnik GmbH mit bescheideneren Zielen gegründet. Einer ist heute in Friedrichshafen stationiert. Das „majestätische Kreuzen" in niedriger Höhe, mit guter Erdsicht und in komfortabler Atmosphäre ist ein Renner am Bodensee - jedenfalls für Leute mit gut gefüllter Börse. Am westlichen Ende der Stadt, direkt am Radweg, hat die Stadt Ferdinand Graf von Zeppelin ein Denkmal errichtet. Die Bronzesäule ragt dreizehn Meter in die Höhe. Sie trägt als Inschrift seinen Ausspruch: „Man muss nur wollen und daran glauben, dann wird es gelingen."

Auf dem Radweg ist inzwischen Rushhour angesagt. Immer wieder werde ich zur Seite geklingelt. Halb Deutschland scheint an diesem Morgen mit dem Rad am Bodensee unterwegs zu sein. Und zwar hurtig! Im Norden geht es gelassener zu. Der Friese spurtet nicht durch die Landschaft, er bewegt in ihr - stoisch dem Schietwetter trotzend. Das allerdings fehlt hier auf angenehme Weise. Da trifft es sich gut, dass ich vor Hagnau einem Badestrand begegne. Pause! Ich bleibe eine Weile, lege mich ins Gras und schaue dem Zeppelin zu, der lautlos über mich hinweggleitet. Das Wasser ist angenehm frisch und glasklar. Weit draußen kreuzen Segelboote. Heute ist der See mit ihnen gnädig. Das ist nicht immer so. Der Bodensee gilt bei Wassersportlern als anspruchsvolles Binnenrevier. Gefährlichster Wind ist der Föhn. Der warme Fallwind aus den Alpen treibt bei teils orkanartigen Windstärken

Wellenberge mit mehreren Metern Höhe vor sich her. Dann möchte man lieber am Ufer sitzen.

Hinter dem Touristenort geht es an der Seepromenade weiter. Auf den Bänken unter den Platanen sitzen entspannte Urlauber. Pärchen flanieren in der Sonne. Kaum einen Kilometer weiter finde ich ein stilles Plätzchen, durch eine dichte Hecke vom Radweg abgetrennt. Sanfte Wellen schwappen in die winzige Bucht, die kaum genug Platz hat für ein duzend Badehandtücher. Wenn die Ausflugsdampfer über dem See brummen, schlagen die Wellen allerdings beängstigend weit in die winzige Bucht. „Hallo! Wir wollen nicht stören. Nur auf ein kurzes Bad." Ein Rentnerpärchen nimmt hier sein tägliches Abendbad. „Der Bodenseestrand gehört uns allen! Nur zu." Sie schwimmen, ich koche. „Sieht lecker aus." Nach einer Viertelstunde bin ich für den Rest des Abends alleine mit dem Bodensee. Gegenüber wird die Knautschzone von unserem Zentralgestirn in Szene gesetzt. Ich bin kurz davor, zu applaudieren. Alpenglühen sieht man als Mittelgebirgler nicht alle Tage.

Am nächsten Morgen weckt mich Kindergeschrei. Erst lugt ein Blondschopf durch die Blätterwand, dann irgendwas in Pink. „Papa, da liegt ein Mann!" Ehe ihr Erzeuger nachrückt, bin ich bereits aus meinem Bondagebeutel geschlüpft. Papi lässt seine Riesentasche auf den winzigen Kiesstrand fallen. Occupied! Keine Chance, in Ruhe zu frühstücken. „Hallo! Bin gleich weg." Hastig packe ich und schiebe meinen Esel hoch zum Radweg. Um ein Haar wäre ich überfahren worden. Von einer Radlergruppe! Was für ein Ende wäre das gewesen: Sich nicht als Gerechter im Kampf gegen das Böse in der Welt zu verabschieden – nur platt gefahren von Radlern. *Roadkill!* Grabinschrift: „Der hier ruht, radelte bis zum letzten Atemzug."

Vorbei am Staatsweingut fahre ich weiter nach Meersburg. Hoch am Hang steht die Burg, wo die Dichterin Anette von Droste-Hülshoff aus altwestfälischem Adel über drei Jahre bei ihrem Schwager wohnte, bis sie dort im Revolutionsjahr 1848 an einer schweren Lungenentzündung starb. Ihre letzte Heimat scheint ihr gefallen zu haben: „Auf der Burg haus' ich am Berge, / Unter mir der blaue See, / Höre nächtlich Koboldzwerge, / Täglich Adler aus der Höh', / Und die grauen Ahnenbilder / Sind mir Stubenkameraden, / Wappentruh' und Eisenschilder / Sofa mir und Kleiderladen. / Schreit' ich über die

Terrasse / Wie ein Geist am Runenstein, / Sehe unter mir die blasse / Alte Stadt im Mondenschein …"
Ihre letzte Ruhe fand sie auf dem Meersburger Friedhof.

In Meersburg beginnt der *Finger des Bodensees*. Der Überlinger See gehört als einziger Abschnitt vollständig zum deutschen Hoheitsgebiet. Im westlichen Teil des Obersees gibt es seit dem 16. Jahrhundert eine komplizierte Grenzziehung, die mit der Übereinkunft von 1878 fixiert wurde. Der Rest ist die einzige Gegend in Europa, in der nie Grenzen festgelegt wurden.
Zum Überlinger See gehört auch die winzige Blumeninsel Mainau. Die Rundwanderung dauert kaum mehr als eine halbe Stunde. Aber wer will hier schon Rundwandern, wo es doch so viel zu sehen gibt? Der Sandsteinfelsen liegt gegenüber von Meersburg. Er ist im Privatbesitz der schwedischstämmigen Adelsfamilie Bernadotte. Sie hat den Felsen in ein Blumenmeer verwandelt und vermarktet seither den *Garten Eden* außerordentlich erfolgreich. Hier gedeihen mediterrane neben subtropischen und tropischen Pflanzen. Warum? Klirrende Kälte ist am See selten. Seit 875 ist der Obersee nur zweiunddreißig Mal vollständig zugefroren. Die letzte *Seegfrörni* war 1963.
Der vor sechs Jahren verstorbene Graf Lennart Bernadotte nannte seine Insel gerne das *Blumenschiff*: „Sie ist eine kokette kleine Dame, diese Mainau, die stets und ständig große Aufmerksamkeit fordert, noch mehr Liebe und vor allem unaufhörlich neue Kleider." Lennart Bernadotte war der einzige Sohn von Prinz Wilhelm von Schweden und Großfürstin Maria Pawlowna von Russland. Sein Vater erbte die Insel. Er konnte mit ihr jedoch nichts anfangen. Sie glich damals einem Urwald. Die Parkanlagen Friedrichs I. von Baden waren verwildert. Erst Lennart Bernadotte stellte sich der Herausforderung und baute die Mainau wieder zu einem touristisch nutzbaren Blumenparadies aus. 2004 verstarb er im Alter von 95 Jahren im Schloss auf der Insel. Die Erben folgen seinem Leitspruch: „Gärtnern um des Menschen willen."

Der Bodensee zog jedoch nicht nur adelige Schweden an. Er war und ist das Refugium bedeutender Kulturschaffender: Otto Dix, Erich Heckel, Rudolf Schmidt-Dethloff lebten hier. Ihre Bilder sind in zahlreichen Museen wie dem Zeppelin Museum in Friedrichshafen und dem Neuen Schloss in Meersburg ausgestellt. Der in Bodman ansässige Bildhauer Peter Lenk machte überregional mit skandalträchtigen Skulpturen Schlagzeilen. Seine großformatigen Werke von Lenk schmücken das Seeufer in Konstanz, Überlingen und Meersburg. Auch eine Reihe bekannter Schriftsteller lebten und arbeiteten zumindest zeitweise am Bodensee: Annette von Droste-Hülshoff in Meersburg, Joseph Victor von Scheffel in Radolfzell und Hermann Hesse in Gaienhofen. Martin Walser ist der bekannteste derzeit am Bodensee lebende Schriftsteller. Einige seiner Geschichten spielen hier. So etwa seine bekannteste Novelle *Ein fliehendes Pferd*: Es ist fast schon Ratgeberliteratur: „Einem fliehenden Pferd kannst du dich nicht in den Weg stellen. Es muss das Gefühl haben, sein Weg bleibt frei. Und: Ein fliehendes Pferd lässt nicht mit sich reden." Die Verfilmung wurde vor vier Jahren in Überlingen und Umgebung gedreht. Gegen den erfolgreichsten deutschen Heimatfilm konnte sie jedoch nicht anstinken: *Die Fischerin vom Bodensee*. Der kommt allerdings aus einer anderen Welt. 1956 war das Bedürfnis nach heiler Welt groß.

Ein Denkmal gesetzt hat Walser seiner Heimat mit dem 1978 erschienenen Buch *Heimatlob*, das der Maler André Ficus illustriert hat: „Ich liebe den See, weil es sich bei ihm um nichts Bestimmtes handelt … Wie schön wäre es, wenn man sich allem anpassen könnte. Auf nichts Eigenem bestehen. Nichts Bestimmtes sein. Das wäre Harmonie. Gesundheit. Ichlosigkeit. Todlosigkeit." Peter Roos schrieb damals in der *Zeit*: „Das schönste Heimatbuch, das seit Langem erschienen ist …Hier wird also nicht völkisch allgemein herumgemogelt. Hier wird jedes Wort an die konkrete Erfahrung gebunden und nicht vom erfahrenen Subjekt gelöst – da kann sich nichts verselbstständigen: ‚Die Luft ist süß von Geschichte, von Durchdachtheit klar' – das Motto."

Hinter Uhldingen werde ich in die Steinzeit zurückgebeamt. Das Freilichtmuseum präsentiert archäologische Funde und Nachbauten von Pfahldörfern. Es zählt zu den größten Europas. Pfahlbauten waren bei unseren frühen Vorfahren *en vogue*. Warum? Säbelzahntiger und feindliche Nachbarn hatten schlechte Karten. Bis heute sind Pfahlbauten nicht vollständig aus der Mode gekommen. Man findet sie noch in Südostasien, auf den Nikobaren, in Westafrika, auf der chilenischen Insel Chiloé und in Neuguinea. Auch Pläne für die

futuristischen Megacitys in Fernost erinnern an Pfahlbauten. Vom Säbelzahntiger ist nicht mal ein ausgestopftes Exemplar erhalten. Das hat er nun davon, immer nur an seinen knurrenden Magen zu denken! Nachhaltig war das nicht. Hätte er sich doch als Schmusekatze domestizieren lassen.

In direkter Nachbarschaft wurde vor fast hundert Jahren auf Betreiben des Pfahlbauvereins beidseits der Seefelder Aach das älteste Naturschutzgebiet am Bodensee errichtet. So blieb ein Teil der ursprünglichen Uferlandschaft erhalten: Feuchtwiesen, Streuwiesen, Stillgewässer und ein ufersäumender Auenwald mit Amazonasfeeling.

Dahinter Kontrastprogramm: Von der Steinzeit durch Urwald hin zum Barock. Die Wallfahrtskirche Birnau steht mitten im saftigen Grün eines Weinberges. Ihre frische Farbkombination von Weiß und Babyzimmerrosa aus dem Katalog von *Schöner wohnen* kommt nicht nur bei mir gut an. Wenn Perfektion unter Barockkirchen einen Namen hätte: Er hieße Birnau. Die Birnau singt „das Schwanenlied des Rokoko am Bodensee" hat mal jemand geschrieben. Es war die letzte ihrer Art. Kein Grund zur Trauer. Die bürgerliche Landschaftsmalerei des 19. Jahrhunderts entdeckte, wie harmonisch sie sich mit der Landschaft verträgt. Seitdem kann sie sich über Aufmerksamkeit nicht beschweren.

Weniger reizvoll ist, was Hochtief und die Sparkasse Bodensee einige Kilometer später vor Überlingen an den Radweg bauen: „Ihren Logenplatz am Bodensee." Bis ins 19.Jahrhundert hinein war der See weitgehend naturbelassen. Seit den 1920er Jahren hat sich die bebaute Fläche rund um den Bodensee stark ausgedehnt. Heute sind nur noch ein Drittel des fast dreihundert Kilometer langen Bodenseeufers natürlich oder naturnah.

Ich erreiche Überlingen: mehr als eine halbe Million Übernachtungen, sechzig Restaurants. Überlingen ist beliebt. Dennoch geht hier alles einen eher ruhigen Gang. Die Stadt ist Mitglied der *Cittàslow*, einer 1999 in Italien gegründeten Bewegung zur Entschleunigung und Erhöhung der Lebensqualität in Städten. Überlingen ist auch eine Hochburg der traditionellen *Fasnet* – und damit nicht nur im Sommer Ziel vieler Touristen.

Das Hinterland ist eine hügelige Moränenlandschaft, durch die letzte Eiszeit geformt. International in die Schlagzeilen geriet es durch das Flugzeugunglück im Sommer 2002. Eine russische Passagiermaschine stieß damals mit einem Frachtflugzeug zusammen. Die Trümmer gingen nördlich der Stadt nieder. Bei dem Unglück starben einundsiebzig Menschen. Wie durch ein Wunder wurde am Boden niemand verletzt. Auch das Schloss Salem blieb verschont. Die ehemalige Reichsabtei ist seit 1920 ein international renommiertes Internat. Ihre Gründer standen der reformpädagogischen Bewegung nahe, die sich gegen die damals vorherrschende autoritäre „Pauk- und Drillschule" wandte. Im Mittelpunkt einer „Erziehung vom Kinde aus" stand mehr Freiheit, Vergnügen und wahrhaftes Forschen der Schüler. Das Motto Salems lautet bis heute „Plus est en vous" – „Es steckt mehr in euch". Die Schüler sollen ihre Talente und Begabungen nach besten Kräften entwickeln. Es geht dabei weniger um messbare akademische Leistung, sondern vor allem um Charakterbildung. Salemschüler waren Golo Mann, Sophia von Griechenland (heute Königin von Spanien) und auch der Schauspieler Walter Sittler. Salemsche Reformpädagogik ist allerdings nichts für kleine Geldbeutel. Viele Ideen sind allerdings inzwischen tief in das staatliche Schulsystem vorgedrungen.

Auf dem Weg entlang der alten Bundesstraße nach Sipplingen wird es sehr eng. Als die Steilküste entstand, waren Radwege noch kein Thema. Lange war Sipplingen ziemlich weit weg vom Rest der Welt. Aufgrund seiner Steiluferlage entstanden erst im 19. Jahrhundert Straßen und Bahnverbindungen zu den Nachbargemeinden. Ich fahre auf dem Bürgersteig weiter. Das machen hier alle so, die nicht als *Roadkill* enden wollen.
Die steilen Uferwände setzen sich im See fort. Taucher finden das cool. Doch fast jedes Jahr überschätzt sich hier einer. Er wird tot aus dem Wasser gezogen, weil er die wechselnden Strömungen und das eiskalte Wasser in der Tiefe unterschätzte.
Das Städtchen hat bis heute eine Bürgermiliz. Die will aber nur spielen: Milizkapelle, Spielmannszug und Mannschaft unter Gewehr. Die sind längst nicht mehr geladen. Das war mal anders. Badische Revolutionäre hatten sich 1849 in Bodman festgesetzt. Der Freiherr von und zu Bodman rief um Hilfe. Einzig die Sipplinger kamen. Sie nahmen die Freischärler fest. Schon wenige Tage nach ihrer Heimkehr wurden sie von höchster Stelle belobigt: „Der Großherzogliche Hessische Divisionsgeneral Freiherr Schäffer von Bernstein gibt der Bürgerwehr

von Sipplingen seine besondere Zufriedenheit zu erkennen, für die von demselben betätigten lobenswerten Gesinnungen und den guten Gebrauch ihrer Waffen gegen die Rebellen. Der General befiehlt zugleich, dass die Gemeinde Sipplingen nicht entwaffnet werden soll." Und so marschieren sie bis heute.

Hinter Sipplingen fahre ich auf dem kürzesten Weg nach Radolfzell. In Ludwigshafen, an der Spitze des „Fingers", beginnt der Hegau. Der Heimatdichter Ludwig Finckh bezeichnete ihn als *Herrgotts Kegelspiel*. Vulkankegel prägen die uralte Kulturlandschaft. Bereits am Ende der letzten Eiszeit siedelten hier Rentierjäger. In der Jungsteinzeit entstanden Pfahlbaudörfer. In der Eisenzeit kamen die Kelten. Mit der Heuneburg hinterließen sie Spuren einer großen Kultur. Mitten durch das Gebiet verläuft seit Jahrhunderten die Dialektgrenze zwischen dem Hochalemannischen – teilweise erhalten im heutigen Schwyzerdütsch - und dem Mittelalemannischen, das im Badischen überlebt hat.

Bei Bodman wird die Ebene schief. Leider zu meinen Ungunsten. Obstplantagen begleiten meine Bergetappe. Dem kleinen Dorf am Südufer des Überlinger Sees verdankt das große *Schwäbische Meer* seinen Namen: *lacus potmanicus*. Er hat sich zu *Bodamer See* und schließlich zu *Bodensee* weiterentwickelt. Im frühen Mittelalter hatte Bodman seine Blütezeit: fränkische Königspfalz, alemannischer Herzogssitz und Münzstätte. Auch der Höhenzug *Bodanrück* zwischen Überlinger See und Untersee, über den ich nun strampeln muss, trägt seinen Namen.

Am Güttinger Buchensee angelangt, entschleunige ich und lege mich ins Gras. Der kleine Eiszeit-See schimmert grünlich. Sein Wasser ist glasklar. Als der letzte Badegast verschwunden ist, stelle ich im Gestrüpp mein Notzelt auf. Biwacksack reicht heute nicht. Für die Nacht ist ein Gewitter angekündigt. Gegen Mitternacht wird es taghell. Was da runterkommt, fühlt sich wie Wolkenbruch an. Eine Ewigkeit geht das so: Starkregen, Blitze, Starkregen. Irgendwann schlafe ich trotzdem ein. Als es hell wird, prasselt der Regen immer noch auf mein winziges Zelt. Den ganzen Vormittag reibe ich meine Nasenspitze am Höhlendach. Ich versuche, die Malaise mit etwas Augenpflege zu überbrücken und dämmere vor mich hin. Als der Dauerregen in Nieselregen übergeht, werde ich hellwach. Es ist schon Mittag! Subito verlasse ich mein Gefängnis. Und was sehe ich? Einen badischen

Nackedei, der im Wasser seine einsamen Runden dreht. Ich verteidige die Stammesehre der Chatten und folge ihm: „Die Hesse komme!"

Danach rolle ich tiefenentspannt hinunter nach Radolfzell. Die Stadt wurde zwölf Jahre nach dem Tod Karls des Großen von dem Veroneser Bischof Radolt gegründet. Auf einer Reise in seine alemannische Heimat besuchte er die Klosterinsel Reichenau. Radolt bat den Abt, ihm die Kanoniker-Zelle seines verstorbenen Lehrers und Vorgängers zu überlassen. Der wollte keine fremden Äbte neben sich haben. Gegenüber sei doch noch genug Platz. In der Reichenauer Schrift eines unbekannten Verfassers heißt es: „Dieser Ort nun von dem Kloster jenseits des Sees gegen Nordwesten zwei Meilen entfernt, war überaus lieblich gelegen, jedoch nur von Fischern bewohnt und zu keinem andern Anbau geeignet. Ihn also begann Radolt herzurichten und Wohnungen nebst einer Kirche zur Ehre Gottes daselbst zu erbauen und die so gegründete Zelle nach sich Radoltszelle zu benennen, wie es noch heute ist. Nachdem er sie mannigfach geschmückt und ganz nach seinem Sinne ausgestattet hatte, kehrte er wieder an seinen Bischofssitz zurück."

Hinter Radolfzell fahre ich auf dem Bodensee-Radweg weiter. Viel sehe ich nicht vom See. Das Ufer des Naturschutzgebiets Hornspitze ist mit einem dichten Schilfteppich bewachsen. Vor Wangen wird der Himmel wieder inkontinent. Ich stelle mich in einem Wartehäuschen unter. In Schlangenlinien kommt ein durchnässter Radler auf mich zu. Sein Hemd klebt am Körper. Neunter Monat? Soweit es sein Pegel erlaubt, erzählt er mir von der Familienfeier, aus der er grad ausgebüxt ist: „Da war mir langweilig. Und ordentliches Bier gab's auch nicht." Als der Regen endlich aufhört, hat er mir seine Familiengeschichte erzählt.

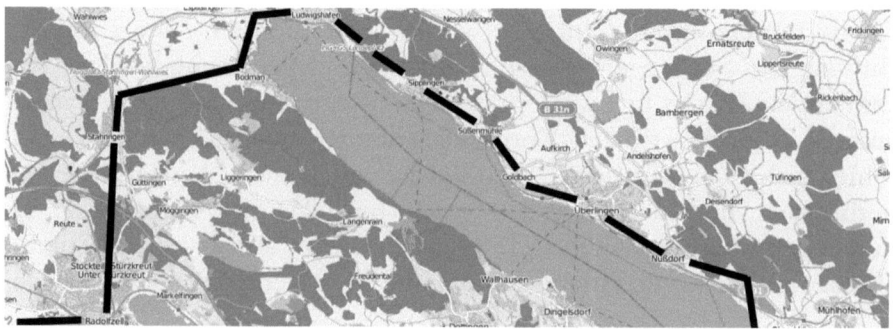

Stein am Rhein
„Einer für alle, alle für einen."(Confoederatio Helvetica)

„Einer für alle, alle für einen." Das steht auf einer uralten Urkunde. In Deutschland ist sie kaum bekannt. Den Gründungsmythos der Schweiz verbinden wir mit dem Rütlischwur in Schillers *Wilhelm Tell*: „Wir wollen sein ein einzig Volk von Brüdern, / in keiner Not uns trennen und Gefahr. / Wir wollen frei sein, wie die Väter waren, / eher den Tod, als in der Knechtschaft leben. / Wir wollen trauen auf den höchsten Gott / und uns nicht fürchten vor der Macht der Menschen." Historisch ist er nicht verbürgt. Wohl aber die Urkunde aus dem Jahre des Herrn 1291: „Das öffentliche Ansehen und Wohl erfordert, dass Friedensordnungen dauernde Geltung gegeben werde. Darum haben alle Leute der Talschaft Uri, die Gesamtheit des Tales Schwyz und die Gemeinde der Leute der unteren Talschaft von Unterwalden im Hinblick auf die Arglist der Zeit zu ihrem besseren Schutz und zu ihrer Erhaltung einander Beistand, Rat und Förderung mit Leib und Gut innerhalb ihrer Täler und außerhalb nach ihrem ganzen Vermögen zugesagt gegen alle und jeden, die ihnen oder jemand aus ihnen Gewalt oder Unrecht an Leib oder Gut antun … Diese Ordnungen sollen, so Gott will, dauernden Bestand haben."

In Stein am Rhein stattet die *Confoederatio Helvetica* dem rechten Rheinufer einen Besuch ab. Ich bin jetzt am Hochrhein angekommen. *Staa* ist in die Neuzeit gerettetes Mittelalter. Der Altstadtkern ist gut erhalten. Bemalte Häuserfassaden, Fachwerkhäuser, Erker und kleine Gassen locken viele Touristen in die Stadt. Beinahe wäre nichts von dem mehr erhalten geblieben. Am 22. Februar 1945 bombardierte ein Flugzeug der US-Air-Force aus Versehen die Grenzstadt in der neutralen Schweiz. Der Pilot hatte die großen weißen Kreuze auf den Dächern gesehen, wusste aber nichts damit anzufangen. Neun Schweizer Bürger starben. Drei Jahre später überwiesen die USA rund zwei Millionen Schweizer Franken.

Hochrhein

„Ohr und Auge, wohin retten sie sich im Tumult?" (Eduard Mörike)

Bis zum Bodensee hat der Rhein eine aufregende Kindheit. Er stürzt sich durch die Alpentäler, kein Stauwehr bremst ihn. Im Bodensee gönnt sich der junge Wilde eine Pause. Er strömt immer noch mit ordentlicher Kraft am deutschen Ufer entlang, bis er vom Konstanzer Trichter in den Seerhein zum Untersee gedrückt wird. Aber das bekommen nur die Segler und Taucher mit.

Hinter Stein am Rhein ginge es so wild weiter, hätte man ihn gelassen. Bis Schaffhausen lässt man ihn sogar noch. Auf seinem Weg nach Westen fällt er von knapp vierhundert auf zweihundertfünfzig Meter Meereshöhe. Das hohe Gefälle bis zum Baseler Rheinknie verursachte früher viele Laufen. So nennt man hier die Stromschnellen. Doch die sind längst Geschichte. Inzwischen wurde der Charakter der Flusslandschaft durch den Bau von Wasserkraftwerken auf weiten Strecken verändert. Verbunden mit dem ursprünglichen Ziel der Schiffbarmachung wurden hierbei auch die großen Stromschnellen bei Laufenburg gesprengt und überstaut. Was vom wilden Hochrein übrig blieb ist Mörikes Tumult: Der Rheinfall bei Schaffhausen.

Doch nun der Reihe nach. Hinter Stein am Rhein geht es wieder bergauf. Die Abendsonne hat sich längst hinter dichten Wolken verabschiedet. Tief unten im Tal fließt der Rhein weiter. Ein Sonnenblumenfeld begleitet mich. Am Waldrand treffe ich auf einen Grillplatz. Es blitzt und donnert am Horizont. Da bleibt das Gewitter auch – die Regenfront leider nicht. Unterm Schirm koche ich mein Abendessen. Das ist ohne dritte Hand eine Herausforderung. Am nächsten Morgen wache ich früh auf. Hinein geht es in den Wald – auf einem Schotterweg. Nach kurzer Zeit muss ich die Schweiz bereits wieder verlassen. Der Grenzübergang liegt mitten im Wald, hoch über dem Rheintal. Er ist minimalistisch: zwei Grenzpfosten und eine Sperre für Motorfahrzeuge. „Bibernströssie" steht auf einem Schild. Sind in der Schweiz selbst die Biber Bergsteiger?

Bei Gailingen schiebt sich die Grenze direkt an den Hochrhein. Hier lebten viele Juden. Unmittelbar nach dem Ende des Dreißigjährigen Kriegs wurde ihnen die Ansiedlung erlaubt. Wie viele Gegenden in Mitteleuropa brauchte auch diese nach den verheerenden Kriegsjahrzehnten dringend Neubürger. Bereits in der Mitte des 19. Jahrhunderts stellten sie die Hälfte der Einwohner. Ein Jahr vor der Reichsgründung wählte die Gemeinde konsequenterweise einen jüdischen Bürgermeister. Ein viertel Jahrhundert wurde sie von ihm verwaltet. Ein halbes Jahrhundert später übernahmen die Nazis die Macht. In der Reichspogromnacht wurde die Gailinger Synagoge durch eine die SS-Einheit aus Radolfzell gesprengt. Zwei Jahre später deportierten die Faschisten die Gailinger Juden. Sie überlebten die *Schoah* nicht. Was blieb? Das jüdische Schul- und Gemeindehaus steht bis heute. Es ist das Bürgerhaus von Gailingen - und Dokumentationszentrum der jüdischen Geschichte und Kultur am Bodensee und Hochrhein. Auf dem Jüdischen Friedhof unterhalb des Bürgli-Schlosses erinnert seit 1948 ein Gedenkstein an die Deportierten.

Von Stein am Rhein bis Schaffhausen ist der Hochrein bis heute nicht gebändigt. Dieser Abschnitt zählt zu den schönsten Flussläufen Europas. In Gailingen kann man das genießen. Liebe Radwanderer: Packt hier die Badehose aus! Die Gemeinde unterhält eines der wenigen offiziellen Strandbäder am Rhein. Der ist hier wild – aber ihr müsst ja nicht gleich hinüber ins schweizerische Diessenhofen schwimmen. Das erreicht man eleganter über die gedeckte Holzbrücke. Die ist als solche schon ein Besuch Gailingens wert. Sie erinnert mich ein bisschen an *The Bridges of Madison County*.

Nach dem Dorf folgt wieder ein achthundert Meter breites Stück Schweiz. Dann wird es wieder Schwarzrotgold. Das aber zeigt man hier nicht. Warum? Schweizer haben mit ihrer Helvetica keine Probleme. Selbst über dem kleinsten Gartenhäuschen flattert die *Schweizerfahne*.

Versuch einer Erklärung: Die Revolutionäre des 19. Jahrhunderts, die Schwarzrotgold mangels einheitlicher Uniformen auf der zerschlissenen Kleidung trugen, bezeichneten die Fahne als *Dreifarb*. Mit der deutschen Trikolore zeigten sie: Schluss mit der Kleinstaaterei und Willkürherrschaft lokaler Despoten. Sie wollten ein geeintes

Deutschland, in dem die in der Französischen Revolution proklamierten Menschenrechte uneingeschränkt gelten sollten. Die Nazis hatten andere Farben, das Wilhelminische Kaiserreich auch. „Doch als die schwarz-rot-goldne Fahn, / Der altgermanische Plunder, / Aufs neu erschien, da schwand mein Wahn / Und die süßen Märchenwunder." So ernüchtert blickte Heine aus dem fernen Paris zwei Jahre später auf die gescheiterte Revolution zurück. Nach 1945 verboten die Siegermächte zunächst den Rückgriff auf Schwarzrotgold. Dennoch wurden die Farben später mangels besserer historischer Alternative in beiden deutschen Staaten verwendet. Heines Unbehagen angesichts der nationalistischen Umdeutung der deutschen Trikolore hat bis heute Anhänger.

Das *Schweizerkreuz* hingegen schaut auf eine ungleich längere Tradition zurück. Es wurde bereits von den *Alten Eidgenossen* als Feldzeichen verwendet, anfangs in die Kantonsflaggen integriert. Das hielt man so vom 13./14. Jahrhundert bis zum Einmarsch der Franzosen. Die verpassten der neuen Helvetischen Republik eine grün-rot-gelbe Trikolore nach französischem Vorbild. Sie verschwand mit Napoleon im Orkus der Geschichte. Umgehend holten sich die Eidgenossen wieder ihr *Schweizerkreuz* zurück.

Die Exklave Büsingen löst das Flaggenproblem entspannt. Hier trägt man gerne beide, denn hier gilt deutsche Rechtshoheit und Schweizer Zollanschluss. Büsingen war für die Schaffhausener lange ein „ewiges Ärgernis". Für viel Geld - der *Alaska Purchase* hundertfünfzig Jahre später war demgegenüber ein Schnäppchen - erwarb die Stadt 1723 von der österreichischen Landgrafschaft Nellenburg die Landeshoheit über die Dörfer des Reiats. Nur Büsingen blieb außen vor. Der Grund: In einem politischen Schurken- und Narrenstreich ließ Schaffhausen 1693 den österreichischen Lehnsherr Eberhard zu Büsingen nach Schaffhausen entführen. Erst auf massiven Druck durch Österreich wurde er sechs Jahre später wieder freigelassen. Diese politische Dummheit verhagelte ihnen später den Ankauf. Auch als der Wiener Kongress die Grenzen Europas neu ordnete, blieb Büsingen Exklave. Der große Metternich hat das kleine Dorf wohl einfach übersehen.

Dabei wären die Büsinger gerne Eidgenossen geworden. Nach dem Ersten Weltkrieg hat man sie gefragt. Fast alle waren für eine Angliederung an die Schweiz. Doch so einfach wollte der

Weltkriegsverlierer Land nicht hergeben. Die Eidgenossen auch nicht. Kein Tausch, kein Wechsel. So ist Büsingen bis heute ein Zwitter.

Es geht in Europa aber noch viel komplizierter: In der belgisch-niederländischen Kleinstadt Baarle. Baarle-Nassau liegt in den Niederlanden, Baarle-Hertog in Belgien. Das klingt einfacher, als es ist. Der Grenzverlauf stellt ein weltweit einmaliges Kuriosum dar. Er hat eine lange Geschichte. Und die hat zu tun mit Missgunst und Streit zwischen ehemaligen Platzhirschen: den Herzögen von Brabant und den Grafen zu Nassau. Sie teilten die Grundstücke im Stadtgebiet wie beim Monopoly auf. Das war im 12. Jahrhundert. Der Bevölkerung ging das lange am Allerwertesten vorbei: Genau so lange, wie sie in einem gemeinsamen Königreich lebte. Erst als die brabantischen Flamen 1830 mit ins neu gegründete Königreich Belgien wollten, wurde aus der unterschiedlichen Zugehörigkeit von Grundbesitz ein Problem. Die Brabanter in Hertog wurden Belgier, die Nassauer blieben Niederländer. Es folgte eine Grenzziehung um Äcker, Viehwiesen und Häuser herum. Bisweilen ist man nur für wenige Meter vom jeweils anderen Staat entfernt. Auf Hauswände aufgemalte Linien zeigen, dass die Grenze auch durch Häuser verläuft – sogar durch mehrere Restaurants. Im gemeinsamen Haus Europa ist das heute kaum noch von Bedeutung. Doch die Baarler sind nicht auf den Kopf gefallen: Hartnäckig erinnern sie an das Kuriose ihrer Situation – und locken damit Touristen in Scharen an. Wo hat man es schon, dass man das Bier im Nachbarland bestellen muß? Im Marketingchinesisch nennt man das „Alleinstellungsmerkmal". Seit dem die braven Bürger von Baarle auf diesen Trichter gekommen sind, sind sie alles andere als alleine.

Alleine sind auch die Schaffhausener nicht. Das Nadelöhr unterhalb ihrer Stadt ist ein Besuchermagnet. „Ohr und Auge, wohin retten sie sich im Tumult?" In Mitteleuropa ist dieses Schauspiel einmalig. Ein schmaler Uferweg führt mich dorthin. Die Kraft des Wassers sprüre ich schon, ehe ich ankomme. Es rauscht zum Greifen nahe am Radweg vorbei. Pro Sekunde stürzen sich vierhundert Kubikmeter den Fall herab - ein ohrenbetäubendes Inferno.

Ansonsten ist Schaffhausen unspektakulär. Nur für einen kurzen Moment war das anders. Als Deutschland braun war. Da wurde ihr kleiner Bahnhof zum Schlupfloch für deutsche Juden. Eine Teilstrecke der Badischen Hochrhein-Bahn zwischen den deutschen Orten Singen und Erzingen führte über schweizerisches Gebiet. Im Bahnhof Schaffhausen hatte er noch 1943 einen sechsminütigen Aufenthalt. Diese sechs Minuten sollten den Berliner Juden Hilda und Curt Schueler – und vielen anderen - das Leben retten. Nach deren Flucht lies die Gestapoleitstelle in Karlsruhe das Schlupfloch gründlich schließen. Fortan fuhren deutsche Grenzpolizisten mit und achteten darauf, dass Türen und Fenster geschlossen blieben.

Hinter Schaffhausen bin ich bald erneut in Deutschland. Auf einer geschützten Terrasse oberhalb der großen Rheinschleife liegt der *Jestetter Zipfel*. Fünfzig Kilometer Schweiz drumherum. Von Deutschland führt nur eine Landstraße hinein. Wegen des komplizierten Grenzverlaufs wurde er vor knapp hundert Jahren zum Zollausschlussgebiet erklärt. Das verkürzte die Grenze auf ein Zehntel. Weniger Stress für den Zoll. Auch die Bewohner hatten davon etwas. Sie konnten ihre Produkte in Deutschland und der Schweiz zollfrei anbieten. Die Nazis machten damit Schluss.
Der berühmteste Sohn des Zipfels ist Joseph Weißhaar, der Engelwirt aus Lottstetten. Es ging ihm gut unter der bestehenden Ordnung. Er war wohlhabend. Dennoch schloss er sich den badischen Revolutionären an, als die deutschen Hegemonialmächte Preußen und Österreich die Verfassung der Frankfurter Paulskirche ablehnten. Er wurde zum *Civilkommissär* des Amtsbezirks Jestetten ernannt. Bereits im April 1848 schlossen sich die Jestetter dem Heckerzug an. Joseph Weißhaar wurde zum Oberst gewählt. Was für eine Karriere! Lange währte sie nicht. Friedrich Hecker hatte mit anderthalb tausend gut ausgerüsteten Schützen gerechnet. Weißhaar brachte ihm nur eine Truppe von siebenhundert Handwerker und Bauern - teils nur mit Sensen bewaffnet. Zum Fürchten war der Haufen nicht. Vor dem Gefecht bei Steinen soll ihm sein Adjutant Malzacher, der Kreuzwirt von Bülach, gemeldet haben: „D´ Prüße chömme! I glaub, Oberst, die chaibe Prüße sin bigoscht doch imstand un schüsse uf üs!" „Was, schüße oder nit schüße, mir schüsse au!" war seine lakonische Antwort.

Doch als es dann die ersten Toten gab, räumten die Freischärler das Feld. General Siegel und Oberst Weißhaar flüchteten mit dem Rest der Revolutionstruppen über den Rhein in die neutrale Schweiz. Dort wurden sie entwaffnet und interniert.

Friedrich Engels kam einen Tag später nach. Der Sohn eines erfolgreichen Baumwollfabrikanten aus dem Bergischen Land hatte sich kurz nach dem Ausbruch der Märzrevolution in Wien und den Barrikadenkämpfen in Berlin mit Karl Marx in Paris getroffen. Sie arbeiteten dort die *Forderungen der Kommunistischen Partei in Deutschland* aus. Ein Jahr später trat er in die badisch-pfälzische Armee ein. Der unfreiwillige Säulenheilige sozialistischer Utopie wollte es nicht bei der Theorie belassen. Er war im Gegensatz zu Marx eher ein Pragmatiker. Was Ausbeutung bedeutete, lernte er in der Fabrik seiner Eltern kennen. Das musste er sich nicht herleiten. Der Bruch mit ihnen und ihrer Klasse kam endgültig, als er den Widerspruch zwischen deren pietistischer Frömmigkeit und den unmenschlichen Arbeitsbedingungen in ihrer Fabrik erkannte. Das machte aus ihm, was er wurde: Einer, der die bestehende Ordnung stürzen wollte.

Als Adjutant des Revolutionsgenerals Willich nahm er an den Kämpfen gegen die Preußen in Baden und der Pfalz teil. Später fühlte er sich verheizt: Durch die halbherzige Politik der badischen Revolutionsregierung und das strategische Chaos im unglücklichen Feldzug. Von der Seele schrieb er sich das später in seinem Werk *Die deutsche Reichsverfassungskampagne*. Nach der Niederlage flüchtete Engels wie viele Revolutionäre über die Schweiz nach England. Manche Köpfe der Badischen Revolution zogen noch weiter. Gustav Struve, Franz Siegel, Friedrich Hecker und viele andere wurden als *Forty-Eighters* später zu Schlüsselfiguren des Amerikanischen Bürgerkriegs, der sich an der Sklavereifrage entzündete. Sie hatten einen nicht unerheblichen Anteil an Lincolns Sieg über die Südstaaten. Franz Siegel, der Kriegsminister der badischen Revolutionäre, stieg bis zum Generalmajor auf. Aufgrund seines Rufes konnte er viele geflüchtete Revolutionäre als Freiwillige anwerben. Deren in deutschamerikanischem Englisch verfasstes Kampflied *I'm going to fight mit Sigel* wurde zu einer der populärsten Hymnen des Bürgerkrieges. „Ive come shust now to tells you how I goes mit regimentals; / to schlauch dem voes of liberty like dem old Continentals, / Vot fight mit

England long ago to save the Yankee Eagle, / Un now I gets miner soldier clothes, I'm going to fight mit Sigel." Das Motto der Auswanderer war: „Ubi libertas, ibi patria – Wo die Freiheit ist, dort ist auch mein Vaterland."

Und was wurde aus Oberst Weißhaar? Er wurde wieder Wirt. Und Schweizer Bürger. Aus dem Engelwirt in Lottstetten wurde der Hirschenwirt im schweizerischen St. Fiden.

Auch mich zieht es in die Schweiz. Mein Radweg ist mal wieder zu Gast bei den Eidgenossen. Das Zollhaus der Abfertigungsstelle Lotstetten-Dorf ist eine unbesetzte Bude am Rand der Landstraße. Es hat den ästhetischen Charme von Checkpoint-Charlie. Selbst die sonst allgegenwärtige *Schweizerfahne* fehlt. Ich bin jetzt im Kanton Zürich. Hier leben nicht nur viele Eidgenossen, hier wird auch das meiste Geld verdient. Der Finanzplatz Zürich liegt auf Augenhöhe mit London und Frankfurt: Eine Drehscheibe des internationalen Kapitals.

In Rafz, kurz hinter der Grenze, merkt man davon nichts. Hier herrscht Landidylle. Die große Oper spielt am Zürichsee. Haupterwerbszweig war hier lange die kleinbäuerliche Landwirtschaft. Seit deren Niedergang ist es eine Wohngemeinde. Obwohl auch Rafz wie Stein an Rhein von der US-Luftwaffe versehentlich bombardiert wurde - acht Menschen wurden getötet - ist es noch heute ein Ort mit vielen gut erhaltenen Fachwerkhäusern. Vor einem der Schönsten steht ein Brunnen. Glasklares Wasser plätschert in den Trog von Schwimmbadgröße. Eine Badewanne! Was wohl die Dorfbewohner dazu sagen würden, wenn sich ein zottliger Radwanderer in ihrem Juwel aalen würde?

Zwischen Äckern und Weiden fahre ich auf einem Wirtschaftsweg weiter durch das Rheintal. Die Wolken werden immer dichter. Flugzeuge dröhnen über das Tal. Sie sind im Landeanflug auf den Züricher Flughafen. Froh ist man hier nicht über diese Einflugschneise. In Reckingen erreiche ich die deutsche Gemeinde Küssaberg. Im Park hinter der ehemaligen Badeanstalt warnt mich ein Schild der Ortspolizeibehörde: „Die missbräuchliche Benutzung der Erholungsanlage ist nicht gestattet." Das ist mit Abstand das interessanteste Verbotsschild meiner bisherigen Juristenlaufbahn. Nur

noch zu toppen durch das Schild: „Die missbräuchliche Benutzung ist gestattet. Berserker aller Länder, hier könnt ihr euch austoben!"

Ich verteile meine feuchte Ausrüstung unter dem Vordach der ehemaligen Badeanstalt. „Baden nur auf eigene Gefahr. Nur für Schwimmer." Danke. Heute nicht mehr. Ich setze mich auf eine Bank und sehe dem Rhein beim Strudeln zu. Es folgt ein romantischer Sonnenuntergang mit rosa Wölkchen. Nach einigen Schoppen Müller-Thurgau bin ich bettschwer genug und lege mich unter das Vordach.

Am nächsten Tag geht es erstmal bergauf. Über Kaddelburg und Ettikon erreiche ich Waldshut. Gegenüber, im schweizerischen Full, steht ein uraltes AKW. Seine Planung begann vier Jahre nach dem ersten deutschen. Statt der budgetierten zwei Milliarden Franken kostete das Kraftwerk am Ende über fünf Milliarden - Entsorgungskosten nicht mitgerechnet. Heute will auch die Schweiz raus aus der Steinzeittechnologie.

Kurze Zeit später erreiche ich Laufenburg. In der Brückenstadt zeigt sich am Deutlichsten, dass der westliche Teil des Hochreines über lange Zeit eine kulturelle und sprachliche Einheit bildete. Bis vor zweihundert Jahren war er das auch politisch: in der Habsburger Herrschaft. Damals war der Rhein nicht Grenze, er war die Autobahn der Region. Und ihr Wirtschaftsmotor: Er beschäftigte Schiffer, Flößer und Fährmänner – und natürlich die Lachsfischer von Laufenburg, wo sich die Fische vor den Stromschnellen sammelten. Neben dem Rheinfall bei Schaffhausen gehörten sie zum spektakulärsten Teil des Hochrheins.

Mit dem Bau des Laufenburger Kraftwerkes - dem ersten stromquerenden Fließkraftwerk im Rhein - wurden die Laufenfelsen gesprengt: insgesamt dreihunderttausend Kubikmeter Felsen. Das gefiel nicht allen. Technisch-industrielle Großprojekte waren bereits in der Kaiserzeit umstritten. Während Ingenieure und Industrielle ein wirtschaftlich zu nutzendes Potenzial der Natur sahen, kritisierten die zumeist bildungsbürgerlichen Heimatschützer deren industrielle Ausbeutung und traten zugleich für den Erhalt einer ästhetischen „vaterländischen Heimat" ein. Am Ende verloren die Heimat- und Naturschützer. Der im oberschwäbischen Meßkirch geborene Philosoph Heidegger stellte später fest: „Das Wasserkraftwerk ist nicht in den Rheinstrom gebaut, wie die alte Holzbrück, die seit Jahrhunderten Ufer mit Ufer verbindet. Vielmehr ist der Strom in das

Kraftwerk verbaut. Er ist, was er jetzt als Strom ist, nämlich Wasserdrucklieferant, aus dem Wesen des Kraftwerks."

Es geht auch anders: An der Wehramündung, die ich kurze Zeit später erreiche, profitiert die Natur seit Jahrzehnten vom menschlichen Gestaltungswillen. Das Naturschutzgebiet entstand durch den Bau des Kraftwerks Ryburg-Schwörstadt. Hierdurch bildete sich an der Wehramündung ein flacher See mit einigen Inseln. Knapp vierzig Jahre später kamen die Schuttmassen aus dem Bau des Kavernenkraftwerks Säckingen hinzu. Mit ihnen wurde der westliche Teil des Sees durch einen Damm von Wehra und Rhein getrennt. Es entstand eine Vielzahl von Lebensräumen. Die Vogelwelt hat den Rückzugsraum dankbar angenommen. Das freut auch die Naturliebhaber. Mir zeigt sich heute allerdings nur ein einsamer Schwan, der an der Mündung gründelt.

Auch in Rheinfelden wird der Hochrein modelliert. Allerdings entsteht hier kein Naturschutzgebiet. Das Wasserkraftwerk wird gerade neu gebaut. Auf das nächste treffe ich in einer Flussbiegung wenige Hundert Meter östlich der Altstadt von Bad Säckingen. Insgesamt muss sich der Hochrhein durch elf Staustufen kämpfen.

In Bad Säckingen angekommen habe ich noch fünfunddreißig Rheinkilometer bis Basel vor mir. Dort endet der Hochrhein. Joseph Victor von Scheffel hat Heidelberg berühmt gemacht durch seine Studentenlieder. Aber auch Bad Säckingen: Durch sein 1854 erschienenes Erstlingswerk „Der Trompeter von Säckingen". Ein früher Bestseller. Die Redewendung „es hat nicht sollen sein" stammt aus dem Werk: „Behüt' dich Gott, es wär zu schön gewesen, behüt' dich Gott, es hat nicht sollen sein." Ganz so harmlos war er nicht. So lässt er den Trompeter an anderer Stelle sagen: „Ganz scharfkantig muß der Mensch sein, / Seine Lebensstellung muß ihm / Schon im Blute liegen als / Erbteil früherer Geschlechter." Hier klingt bereits deutlich die völkisch-nationalistische Ideologie an, die unser Land zwölf Jahre beherrschen sollte.

Die über vierhundert Jahre alte Bad Säckinger Holzbrücke, vor der ich nun stehe, ist die längste überdachte Holzbrücke Europas. Und wohl auch eine der ältesten noch erhaltenen überhaupt – zumindest in Deutschland. Bereits im 13.Jahrhundert soll hier eine gestanden haben. Eiswasser, Hochwasser und Kriege haben die Holzbrücken am Oberrhein immer wieder zerstört. Die heutige Konstruktion errichtete

Blasius Baldischwiler. Auf das Konto des 1752 in Indlekofen bei Waldshut am Hochrhein geborenen Brückenbaumeisters gehen zahlreiche Brücken hier in der Gegend.

Wenige Kilometer weiter feiert Rheinfelden gerade das *Trottoirfest*. Die Rhyfälder Vereine gestalten das internationale Fest seit 1968 zusammen mit den Partnerstädten jährlich Ende August. Den Schoppen verkneife ich mir. Ich schiebe mich durchs Gedränge und fahre weiter. Die blaue Stunde naht. Höchste Zeit, mir ein Plätzchen zu suchen. Am Radweg im Nirgendwo vor Basel steht eine Parkbank mit etwas Grün drumherum. Ich schlage mein Zelt auf. Kurze Zeit später beginnt es zu regnen. Glück gehabt! Heute bleibt die Küche kalt. Nach ein paar Keksen schlafe ich ein.

Als ich am nächsten Morgen aus meiner Höhle krieche, habe offensichtlich den Herbst verschlafen. Die Luft fühlt sich eisig an. Geradezu Winterlich! Der Fahrtwind macht es nicht besser. Hätte ich doch nur Handschuhe dabei. Völlig durchgefroren erreiche ich Basel.

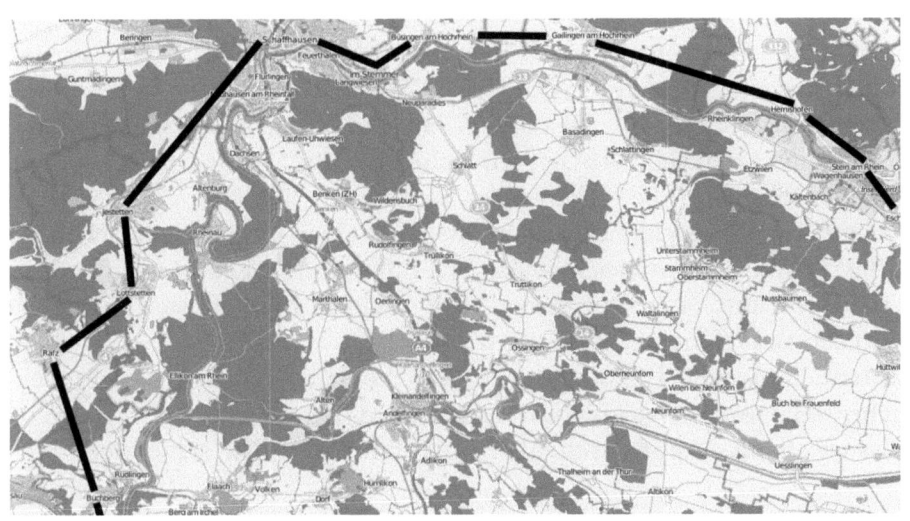

Basel
„Isch Basel nit e schöni, tolli Stadt?" (Peter Hebel)

„Isch Basel nit e schöni, tolli Stadt? / 's sin Hüser drin, 's isch mengi Chilche nit / so groß, und Chilche, 's sin in mengem Dorf / nit so viel Hüser. 's isch e Volchspiel, 's wohnt / e Richtum drinn, und menge brave Her, / und menge, woni gchennt ha, lit scho lang / im Chrützgang hinterm Münsterplatz und schloft. / 's isch eitue, Chind, es schlacht e mol e Stund, / goht Basel au ins Grab, und streckt no do / und dört e Glied zum Boden us, e Joch, / en alte Turn, e Giebelwand; es wachst / do Holder druf, do Büechli, Tanne dört, / und Moos und Farn, und Reiger niste drin / 's isch schad derfür! und sin bis dörthi d 'Lüt / so närsch wie jez, se göhn au Gspenster um."

Tucholsky empfahl Peter Hebel als „Reinigungsbad der Seele". Hebel wurde 1760 in Basel geboren. Er gilt als der bedeutendste alemannische Mundartdichter. Bekannt wurde er vor allem durch seinen Gedichtband *Alemannische Gedichte*. Seine Kindheit verlebte er zur Hälfte in der Stadt, zur anderen Hälfte in Hausen im Wiesental, dem Heimatdorf seiner Mutter, in dem sein Vater im Winter als Weber arbeitete. „Da habe ich frühe gelernt arm sein und reich sein ... nichts haben und alles haben, mit den Fröhlichen froh sein und mit den Weinenden traurig", erinnerte sich Hebel später.

Zurück zur Gegenwart. Noch bin ich nicht in Basel. Noch ist es bitterkalt am frühen Morgen. Noch tagträume ich von Fleecehandschuhen. Im Discounter an der deutsch-schweizerischen Grenze in Grenzach-Whylen brauche ich sie nicht. Eher schon Boxhandschuhe. Die Schweizer räumen hier in XXXL - Einkaufswagen, als gäbe es bald nichts mehr. Der simple Grund: Leben in der Schweiz ist ungleich teurer. Der Bierpreis ist immer ein guter Indikator: Eine gezapfte Stange (ein kleines Bier) kostet in einer normalen Beiz (Kneipe) bis zu fünf Franken.

Ich brauche keinen Einkaufswagen. Für die Tüte Reis und das Wasser reicht, was mir die Evolution mitgegeben hat. Unsere Altvordern mussten damit Mammutschenkel über Berg und Tal schleppen. Ich

muss nur von der Supermarktkasse bis zum Fahrradständer. Das nenne ich Fortschritt!

Fortschrittlich ist auch Basel. Es ist ein Zentrum der Chemie- und Pharmaindustrie. Hebbel würde es nicht wiedererkennen. Das Münster steht zwar noch, Teile der Innenstadt sind so heimelig, wie es sich für eine in die Neuzeit gerettete historische Altstadt gehört - aber am Rheinknie dominieren die Zweckbauten von *Novartis*. Der Name kommt von lateinisch *novae artes*: „neue Künste". Die Firma ist ein Biotechnologie- und Pharmaunternehmen. Sie entstand 1996 aus einer Fusion der Basler Pharma- und Chemieunternehmen *Ciba-Geigy AG* und *Sandoz*. Es war damals die größte Firmenfusion der Welt: „Von Basel in die Welt". Novartis ist mit einem Umsatz von knapp sechzig Milliarden US-Dollar das zweitgrößte Pharmaunternehmen weltweit. Nur *Pfizer* in New York macht noch mehr Umsatz. Aber bereits an fünfter Stelle steht schon wieder ein Baseler Konzern: *Hoffmann-La Roche*.

Die Basler Chemieunternehmen entstanden im 19. Jahrhundert. Farbstoffe aus übel riechendem schwarzen Teer – das war damals die alchemistische Formel. Aus schwarz wurde purpur. Synthetische Anilinfarbstoffe waren sehr viel billiger als natürliche. Die Folge: Den Kakteenbauern auf den Kanaren brach der Umsatz weg. Purpur aus der Cochenillelaus wurde viel zu teuer. Heute ist es nur noch ein Nischenprodukt.

Bald waren die industriell hergestellten Farbstoffe aus dem Alltag nicht mehr wegzudenken: Vom Kinderspielzeug bis zu Tapeten wurde fast alles mit ihnen gefärbt. Eine blühende Industrie entstand auch in Deutschland. Bedeutende Chemiefirmen waren Meister, Lucius&Brünning (später Hoechst AG in Frankfurt), Friedrich Bayer&Co in Elberfeld (heute Bayer AG in Leverkusen) und die Badische Anilin&Sodafabrik in Ludwigshafen (heute BASF AG). Wie in Basel lagen sie alle am Rhein. Der war ihr Lieferant für Brauchwasser - und in ihm landeten auch die Abfälle.

Es dauerte mehr als ein Jahrhundert, bis das zum Skandal wurde. „Tote Fische in einer roten Brühe!" Erst ein Unfall bei Sandoz brachte das Fass zum Überlaufen. Was war geschehen? Nach einem Großfeuer in einer Halle des Chemieunternehmens schwemmte das Löschwasser mindestens zwanzig Tonnen Gift in den Rhein. Im Fluss starben die

Fische, die Trinkwasserversorgung brach in einigen Regionen zusammen. Die Empörung in der Bevölkerung war so groß, dass die Politik reagieren musste. Nur wenige Monate zuvor hatte die Explosion im sowjetischen Kernkraftwerk Tschernobyl die Welt geschockt. Es war kein günstiger Zeitpunkt für eine Havarie. Und was machte die Großchemie? Sie reagierte mit einer „durch nichts zu erschütternden Zuversicht in die eigene Größe", wie die *Frankfurter Rundschau* damals schrieb.

Das war keine kluge Strategie. Als Sandoz den Rhein rot färbte, war die Bevölkerung bereits stark sensibilisiert für die hässlichen Seiten des technischen Fortschritts. Einige Jahre zuvor entstand eine Partei, die nicht müde wurde, Umweltthemen in die deutschen Parlamente zu bringen. Wenig später sah sich Bundeskanzler Kohl genötigt, ein Umweltministerium zu schaffen, um die Bevölkerung zu beruhigen.

Heute ist der Rhein sauberer geworden. Fast möchte man Wolf Schneider glauben, dass der Mensch doch ein lernfähige Tier ist. Das Volk nimmt den Rhein wieder in Besitz. Längst ist er nicht mehr die Abwasserkloake der Industrie. Das freut auch die Lachse. Sie sind in ihre früheren Heimatgewässern zurückgekehrt.

Hinter dem Rheinknie lag die Klybekinsel, bis der alte Rhein trockengelegt und zugeschüttet wurde. Wo vor dem Ersten Weltkrieg noch Fischer lebten, entstand ein Industriehafen. Der brauchte immer mehr Platz. Das alte Fischerdorf *Glaihüinige* verschwand Mitte des letzten Jahrhunderts Haus für Haus. Kleinhüningen ist heute ein Quartier der Stadt Basel am Dreiländereck zwischen Deutschland, Frankreich und der Schweiz.

Die Stadt kaufte das Dorf bereits 1640 dem Markgrafen von Baden-Durlach ab. Zwischen 1893 und 1908 gemeindete sie es etappenweise ein. Die im letzten Drittel des 19. Jahrhunderts einsetzende Ansiedlung von Textil- und Chemiefirmen sowie der Hafenbau formten das ehemalige Dorf zum Industriequartier.

Bis in die 1950er Jahre überlebte in der Dorfmitte das beliebte Ausflugsrestaurant Krone. Man spazierte und kehrte bei dessen legendärem Wirt Baschi Frey ein. Hier gab es Fisch in allen Variationen: Lachs a la Baloise, Forellen blau, Äsche in brauner Butter und gebackene Nasen. Dazu wurde Weißwein aus der badischen und elsässischen Nachbarschaft getrunken. Im Sommer endete hier das *Rhy-ab-Schmimme* der Studenten mit einer zünftigen Sause. Auch wenn es die Krone längst nicht mehr gibt: Baden im Rhein gehört bis heute zu den beliebtesten Freizeitaktivitäten der Baseler. „Mer gönd dr Bach ab!" nennen sie das.

Heute erinnert nur noch die Bezeichnung „Kronenplatz" an den Ort der Glückseligkeit. Er war einst der zentrale Platz des Dorfes. Hier standen auch die Dorflinde, das Pfarrhaus, die Post und der Pumpbrunnen. Nicht nur die Krone wurde abgerissen. Auch die typischen Fischerhäuser in der ehemaligen Pfarrgasse wurden Opfer der Bagger. Vom ehemaligen Dorfkern ist heute nur noch das Pfarrhaus erhalten. Es wurde 1754 als Landhaus erbaut und diente noch vor wenigen Jahren als Pfarrhaus der evangelisch reformierten Kirchengemeinde. Hier verbrachte Carl Gustav Jung seine Kindheit. Der Begründer der analytischen Psychologie war mit Sigmund Freud und Alfred Adler einer der wichtigsten psychiatrischen Schriftsteller seiner Zeit.

Wenig später bin ich mitten im Verkehrsgetümmel. Rechts geht es nach Weil und Lörrach, links liegt nach zweihundert Metern zur Dreiländerbrücke *Passerelle de Trois Pays*. Die spannt einen Bogen über den Rhein. Vor der Brücke schlottern die Fahnen im Wind. Ich schlottere mit ihnen, denn es ist immer noch Spätherbst. Biestig dunkel wird es auf der gegenüberliegenden Rheinseite. Ich denke an Rilke: „Wer jetzt kein Haus hat ..." und suche mir wenigstens eine windgeschützte Ecke. In der koche ich mein Mittagessen. Ein Rentnerpaar fühlt sich bei meinem Anblick an alte Pfadfinderzeiten erinnert. „Lassen sie es sich schmecken!" übersetze ich das, was sie mir fröhlich zurufen. Über grauen Asphalt und Industriegebiete fahre ich weiter. Dahinter wird es endlich wieder grün. Äcker bestimmen das Landschaftsbild.

Unter Badensern
„Schwobe schaffet, Badener denket."

Ich erinnere: Dichterfürst Schiller war ein Schwabe. So viel zu „Schwobe schaffet, Badener denket."

Warum lieben die Badener die Schwaben nicht? Tun sie das wirklich nicht? Gibt es tatsächlich eine eigenständige badische Lebensart und regionale Identität? Mit Ethnizität wie auch Identitätsbildung geht grundsätzlich eine Abgrenzung einher – für Badener erfolgt diese nach wie vor bevorzugt gegenüber den Schwaben im Landesteil Württemberg. Nach Max Weber ist „Ethnizität" ein Konzept einer Gruppe von Menschen, die sich durch den Glauben an gemeinsame Abstammung und Kultur konstituiert und so eine homogene Gruppenidentität bildet. Dabei werden gewisse kulturelle Elemente wie Sprache, Kleidung, Brauchtum und Religion als auch nach außen sichtbare Abgrenzungszeichen verwandt.

Tatsächlich werden bis heute von Badensern und Schwaben gegenseitig Unterschiede wahrgenommen – wenn auch weich gezeichnet. Für die gibt es einige historische Gründe. Baden, nicht Württemberg, galt im 19. Jahrhundert als Musterländle und hatte durch die Oberrheinebene mit dem wärmsten Klima Deutschlands, mit fruchtbaren vulkanischen Böden, teilweise schon in der Römerzeit genutzten Heilquellen und Kurorten, ausgezeichneter Verkehrserschließung und der Nähe zu Frankreich und der Schweiz deutlich bessere Entwicklungsvoraussetzungen als Württemberg. Das zeigt sich auch in der badischen Küche. Eine spezifisch badische Fortschrittlichkeit, auch ausgedrückt durch den bis heute sprichwörtlichen badischen Liberalismus, spiegelte sich in der frühen Aufhebung der Leibeigenschaft, der 1783 gegründeten ersten deutschen technischen Hochschule und der Verfassung von 1818 wieder.

Einen badischen Dialekt gibt es jedoch nicht, nur Dialekte in Baden. Als Markenzeichen der badischen Volkstrachten gilt der Bollenhut. Der ist allerdings nur in der Umgebung von Gutach im Schwarzwald beheimatet und kann daher kaum identitätsstiftend für Baden sein. Während die Schwaben in Regionen heimisch sind, die das Ertragen rauen Wetters und karger Böden zur Überlebensfrage machten, ist der

Schwabe genussorientierter: einfach, weil er es sein konnte. Die Witze der Badenser auf Kosten der Schwaben sind Legende. Gegen diese Allmacht des Badischen Volksmundes wehren sich die Schwaben eher zaghaft. Einer geht so: „Auf amtlichen Befehl lauft a wütender Hund rum. Wer ihn sieht, soll ihn nüberjagen ins Bad'sche, damits koi Unheil gibt." Sie haben sich auf andere Weise gerächt. Als im 19. und der ersten Hälfte des 20. Jahrhunderts die wirtschaftliche Entwicklung es mit sich brachte, dass das Schwabenlände durch den pietistischen Bienenfleiß seiner Bewohner prosperierte, erzählte man sich dort angeblich die Geschichte von den Badenern, die mit ihren Kindern, die gerade zu laufen begonnen hatten, zum Grenzberg gingen, sie dort an den Ohren hochhielten und ihnen Baden zeigten mit den Worten: „Dess isch dai Haimat!" und dann zeigten sie ihnen Württemberg und sagten: „Und dort verdiensch dei Geld!" Heute steht das Bindestrichland insgesamt gut da: Es ist eines der wenigen *Geberländer* im Länderfinanzausgleich.

Ich erreiche *Wiil am Rhii*. Gegenüber von Weil am Rhein liegen die französischen Orte Hunique und Village-Neuf. Fast mediterran ist das Klima hier. Der heutige Tag passt nicht zum Schnitt. Die besondere Lage zwischen dem Rhein und den Ausläufern des Schwarzwaldes begünstigt ein außergewöhnlich südländisches Klima. Das bietet hervorragende Voraussetzungen für den Weinbau. Die Vogesen und die Alpen sind in Sichtweite. Lange Zeit von der Landwirtschaft, insbesondere dem Weinbau geprägt, entwickelte sich Weil seit der Mitte des 19. Jahrhunderts zu einer Stadt, bedingt durch die günstige Verkehrslage.

In Weil am Rhein beginnt die Badische Weinstraße, die an vielen Sehenswürdigkeiten vorbeiführt. Der Radweg führt mich allerdings über den Hochwasserdamm am Altrhein entlang. Der ist seit dem Bau des Rheinseitenkanals tiefergelegt: Er führt heute nur noch ein Zehntel des ursprünglichen Wassers. Die linksrheinische Route verläuft komplett auf Asphalt, meist etwas vom Rhein entfernt, die rechtsrheinische meistens auf dem Rheindamm. Sie enthält viele Schotterabschnitte. Auch hier sehe ich den Rhein nicht eben häufig. Oft versteckt er sich hinter blickdichtem Grün. In einer Schutzhütte des Wasserwirtschaftsamtes finde ich einen idealen Unterschlupf. Es

sieht nach Regen aus. Tatsächlich beginnt er bald: Ein feiner Nieselregen, der bis zum frühen Morgen anhält. Wie eine chinesische Wasserfolter tropft er vom Dach meiner Hütte.

Am nächsten Morgen fahre ich mir schlaftrunken durchs Haar. Am Hinterkopf stoße ich auf einen Knubbel von beachtlicher Größe. „Zecke!" schießt es mir durch den Kopf. Das hat mir grade noch gefehlt. Mein Freund Johannes hat mich vor den Biestern eindringlich gewarnt. „Mit Zecken ist nicht zu spaßen!" Johannes ist Arzt. Er muß es wissen. Die Blutsauger fallen über jedes Wirbeltier her. Das ist ihre Natur. Zecken übertragen aufgrund ihrer unsteten Lebensweise häufig Krankheitserreger zwischen ihren unfreiwilligen Gastgebern. Selbst werden die Fieslinge nie krank. Fair ist das nicht. Aber so ist die Natur nun mal: keine Sonntagsveranstaltung für Naturfreundehippies. Menschen bekommen von diesen Blutsaugern Krankheiten, die die Wenigsten aussprechen können, ohne sich die Zunge zu verknoten: Borreliose, Frühsommer-Meningoenzephalitis, Babesiose, Ehrlichiose oder Rickettsiosen. Bricht so was Hässliches aus, ist die verknotete Zunge noch das geringste Problem.

In Neuenburg finde ich zunächst nur Tierärzte, dann einen Discounter mit Schwarzwaldblick. Der hat aber grad keine Humanmediziner im Angebot. Inzwischen kenne ich jeden Pflasterstein im Ort. Doch dann kommt meine Marienerscheinung: In einer Seitengasse fällt mein Blick auf das Schild einer Gemeinschaftspraxis. Gucken geht also noch. Die Parasiten haben mich noch nicht im Würgegriff. „Guten Morgen!" Die freundliche Arzthelferin ist ein wenig irritiert. Voll bepackt stehe ich vor ihr. „Legen sie doch erstmal ab." Aber so was von gerne! Ich parke meinen Rucksack in einer Ecke, die er gut ausfüllt. „Ich möchte einen ungebetenen Gast loswerden." Irritiert schaut sie mich an. „Zecke. Im Kopfpelz." Ihr Lächeln erhellt den Raum und vertreibt meine Todesahnungen. Ich zahle die Gebühr, die mich eigentlich vom Besuch dieses Ortes abhalten soll, und darf in einem Behandlungsraum Platz nehmen. Ich müffele so vor mich hin und wäre fast eingeschlafen. Plötzlich dringt die energische Stimme des Arztes an mein Ohr. „Zecke?" Ein begnadeter Redner wird aus ihm in diesem Leben wohl nicht mehr. Er zieht den Brummer raus. Das allerdings kann er, als ob er nie etwas anderes täte. Ich blicke auf einen fiesen fetten schwarzen Ballon - vollgesogen mit meinem kostbaren Saft. Er verschwindet im

Abfluss. Ich habe kein Mitleid mit ihm. Im Gegenteil. Eigentlich wollte ich ihn leiden sehen. Um Gnade flehen! Das Prozedere dauert weniger als eine Minute. Der Wunderheiler schmiert noch was auf die wunde Stelle. Dann hat er fertig. „Der Nächste bitte!" Entspannt rolle ich zurück zum Rhein. Wie neugeboren. Die Vögel zwitschern, der Himmel ist blau, die Sonne scheint nur für mich: Das Leben hat mich wieder!

In *Brisach am Rhi* werde ich endgültig in den Hochsommer zurückgebeamt. Die Sonne brennt mir auf den Pelz. Der Berg, auf dem Breisach steht, lag früher bei Hochwasser im Rhein. Dann kam Johann Gottfried Tulla und machte mit seinem Herummäandern Schluss: Ackerland statt Auenwälder, Hochwasserschutz und Schiffbarkeit statt Artenreichtum. Technischer Fortschritt eben. Geblieben sind einige Refugien auf französischer Seite und bei Wyhl.
Hinter der Staustufe in Breisach steht eine Gruppe Seniorenradler. Sie fahren mir bereits seit geraumer Zeit vor der Nase herum. Ohne ihre gelegentlichen Ruhepausen, in denen ich sie wieder überhole, wären sie bereits in Rotterdam. Sie streiten sich uncharmant über den Weg. Es sind offensichtlich Alphatiere im Ruhestand. Entschleunigung scheint nicht ihr Ding zu sein. „Gambare! Gib dein Bestes." Das ist in Japan Lebensprinzip. Klingt für jedes Lebensalter erst mal nicht schlecht. Beim Radeln im Rentnerklub nimmt es groteske Züge an. Dazu C.G. Jung, der aus Basel: „Ein Junger, der nicht kämpft und siegt, hat das Beste seiner Jugend verpasst, und ein Alter, welcher auf das Geheimnis der Bäche, die von Gipfeln in Täler rauschen, nicht zu lauschen versteht, ist sinnlos, eine geistige Mumie, welche nichts ist als erstarrte Vergangenheit. Er steht abseits von seinem Leben, maschinengleich sich wiederholend bis zur äußersten Abgedroschenheit." Nun gut, es ist ihr Leben. Sie fahren weiter.
Ich hingegen gönne mir einen Stadtbummel und kehre in eine Vinothek ein. „Haben Sie auch Schwarzriesling?" Wenn Blicke töten könnten, wäre ich jetzt tot. „Den gibt's nur im Württembergischen." Sie macht dabei eine Handbewegung ins Ungefähre. Wein und Philosophie, Reben und Dichtung, gehören in Württemberg seit jeher zusammen. So wusste schon Schwabens Dichterfürst Friedrich Schiller: „Ein Wirtemberger ohne Wein, kann der ein Wirtemberger sein?" Die

99

Württemberger produzieren überwiegend Rotweine. Ihre besten Weinsorten sind: Trollinger, Lemberger, Schwarzriesling, Samtrot. Die Badener hingegen sind stolz auf ihren guten Weißwein: Grauburgunder, Spätburgunder oder Riesling. Man hört: Die Württemberger haben den besseren Roten, die Badener den besseren Weißen. Ausnahmen bestätigen die Regel. Ich wähle einen Roten, den mir die Inhaberin wärmstens empfohlen hat.

Nach diesem Kaufrausch suche ich mir ein stilles Plätzchen am Rhein. Vor dem Wehr sind in regelmäßigen Abständen Betonplatten ans Ufer gebaut. Sonnenhungrige, Zeitungsleser, verschnaufende Radler und Badende bevölkern sie. Ich erwische noch eine, die nicht besetzt ist. Sanft schwappt der Rhein ans Ufer. Wegen des nahen Wehres hat er hier kaum Strömung. Das Wasser vor mir ist nur knietief. Ich nehme ein kurzes Bad, dann setze ich mich auf den Beton und schaue den Wolken zu, die sich über den Schwarzwald schieben.

Irgendwo da oben liegt Bollschweil im Hexental. Dort erblickte Marie Luise Kaschnitz das Licht der Welt. Nach dem Tod ihres Mannes zog sie sich auf das Familiengut zurück. Mit dem Text *Beschreibung eines Dorfes* (1966) hat sie der Gemeinde ein literarisches Denkmal gesetzt: „Am nächsten Tag werde ich mich den Geräuschen des Dorfes zuwenden, zuerst den immer noch nicht verklungenen Geistergeräuschen, dem Schleppschritt der Kühe, dem Knarren der Wagenräder, dem Pferdegetrappel auf den Landstraße, der Glocke des Ausrufers, dem Rattern und Sausen der Dreschmaschine ...“

Auch der Oberschwabe Martin Heidegger war durch eine tiefe Verwurzelung im süddeutschen Landleben geprägt. Von Freiburg aus entdeckte er für sich den Südschwarzwald. In der Landschaft zwischen Feldberg und Belchen sah er eine intakte Natur, gesundes Klima und idyllische Dörfer. In Todtnauberg kaufte seine Frau von ihren letzten Ersparnissen ein Grundstück und ließ eine Hütte erbauen. Erst zehn Jahre später erhielt sie einen Stromanschluss. In der Einsamkeit hoch über dem Tal schrieb Heidegger viele seiner Werke. Mit den hektischen Großstädten konnte er sich sein ganzes Leben lang nicht anfreunden: „Meine ganze Arbeit ... ist von der Welt dieser Berge und Bauern getragen und geführt. ... sobald ich wieder hinaufkomme, drängt sich schon in den ersten Stunden des Hüttendaseins die ganze Welt der früheren Fragen heran, und zwar in der Prägung, in der ich sie verließ. Ich werde einfach in die Eigenschwingung der Arbeit versetzt und bin ihres verborgenen Gesetzes im Grunde nicht mächtig." (*Schöpferische Landschaft: Warum bleiben wir in der Provinz?*)

Wegen Heideggers Unterstützung für den Nationalsozialismus – er trat der NSDAP am 1. Mai 1933 bei und blieb bis Kriegsende Mitglied - wurde oft die Frage gestellt, ob auch seine Philosophie von nationalsozialistischem Gedankengut bestimmt sei. Hannah Arendt (unbedingt ansehen: *Hannah Arendt – Ihr Denken veränderte die Welt*) fragte Heidegger in einem Brief, ob er Antisemit geworden sei. Das wies er empört von sich. In einem Interview beschrieb die vom nationalsozialistischen Regime ausgebürgerte politische Philosophin 1964 ihren Schock angesichts der großen Zahl von Intellektuellen, die sich freiwillig selbst gleichgeschaltet und der NSDAP angeschlossen hatten. Sie war eine seiner Schülerinnen, setzte sich jedoch durch ihr Konzept freier pluraler Auseinandersetzungen im politischen Raum später radikal von Heidegger ab.

Was bleibt? Über Jean-Paul Sartre gab Heidegger den Anstoß für den französischen Existenzialismus. Der deutsch-amerikanische Soziologe und Philosoph Herbert Marcuse, der großen Einfluss auf die Studentenbewegung hatte (*One-Dimensional Man,* 1964), verband die Überlegungen aus *Sein und Zeit* mit dem Marxismus. Zum achtzigsten Geburtstag Heideggers resümierte Hannah Arendt dessen Lebenswerk: „Denn es ist nicht Heideggers Philosophie – von der man mit Recht fragen kann, ob es sie überhaupt gibt – sondern Heideggers Denken, das so entscheidend die geistige Physiognomie des Jahrhunderts mitbestimmt hat. Dies Denken hat eine nur ihm eigene, bohrende Qualität, die, wollte man sie sprachlich fassen und nachweisen, in dem transitiven Gebrauch des Verbums ‚denken' liegt. Heidegger denkt nie ‚über' etwas; er denkt etwas." Es gehe ihm weniger darum, Antworten auf Fragen zu liefern, sondern das Fragen selbst wach zu halten.

Zurück zum *Hier und Jetzt.* „Die Sonn' steigt hinterm Wald drüb'n nein / Besäumt die Wolken rot, / Ein jeder legt sein Werkzeug hin / Und schwenkt zum Gruß sein Hut. / S'ist Feierab'nd, s'st Feierab'nd. / Das Tagwerk ist vollbracht." Das Leben ist schön! Meine Füße planschen seinsvergnügt im Wasser. Mini-Tsunamis breiten sich Richtung

Flussmitte aus. Das macht mir Spaß. Dem Schwan aber nicht, der bislang friedlich sein Abendbrot vom Flussgrund zupfte. Aufgeplustert paddelt er mir entgegen. Vorsichtshalber ziehe ich meine Beine aus dem Wasser. So ein Schwan kann ordentlich zuhacken. Tatsächlich ist ihm wohl nur langweilig. Er schaut sich um, verschwindet aber bald in die beginnende Dämmerung.

Am nächsten Morgen fällt mich beim Frühstück ein Schäferhund an. Ist die Oberrheinische Tierwelt auf Krawall gebürstet? Er kommt wie eine Furie auf mich zugestürzt, schlabbert meine Kekse an und wirft meinen Kaffee um. Das zarte Stimmchen seines Frauchens versucht, ihn von mir wegzulocken. Wär' ich Schwan, ich wüsst' mich zu wehren. So packe ich lieber, ehe der Nächste „nur mit mir spielen will".

In Breisach sind die Bürgersteige noch hochgeklappt, die Touristenbusse noch auf der Autobahn. Zwischen Maisstauden fahre ich dem Kaiserstuhl entgegen.

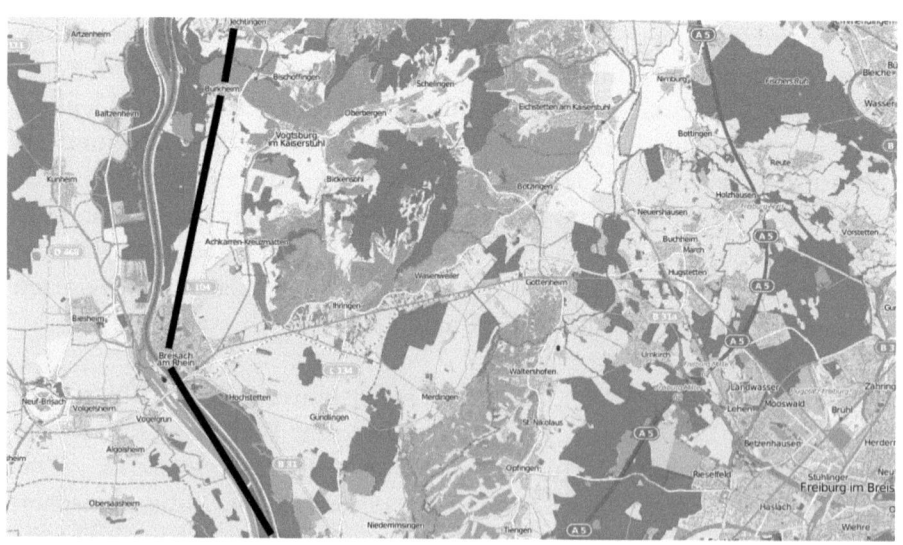

Kaiserstuhl
„Mi Kaiserstuahl, a Handvoll Bergli"
(Hermann Landerer)

„Mi Kaiserstuahl, a Handvoll Bergli / Iinegschtreut wie e Zwergli / zwische Rhii un schwarzem Wald / Vum große Unbekannte, ür-üralt / An sine Häng, / in dr Breit un in dr Läng / Rääbterrasse / un drzwische hohli Gasse.
Mi Kaiserschduahl: Sunnigwarme Goddesgaarte. / Hesch Wii mit bsundre Eigeaarte: / Kriäse, Nuss un Mirabälle / Un in dr Gäärte Harnmelschälle. / Vulkanisch wirkt di Spotburgundr / Ufs Inneläbe so mitundr - / Un dr Silvanr, liäbi Lit, / Wird gsürpflet scho zuar Zniini-Zidd!" So beschrieb der Mundartdichter Hermann Landerer aus Rothweil seine Heimat auf alemannisch.
Seinen Namen hat der Kaiserstuhl von König Otto III. Der hat bei Sasbach im Dezember 994 einen Gerichtstag abgehalten – einer seiner seltenen Besuche im kalten Norden. Für Gewöhnlich hielt er sich lieber in Rom auf. Danach sprach der Volksmund vom „Königsstuhl". Zwei Jahre später stieg Otto zum Kaiser auf – und mit ihm machte das „Handvoll Bergli" einen Karrieresprung.

Hinter Breisach fahre ich ihm entgegen - und ein Stückchen hinein. Entstanden ist das „Gehügele" im Tertiär. Der letzte Vulkan im Oberrheingraben hat es hinterlassen. Ein Spätzünder. Zwischenzeitlich sind ihm hundert Meter abhandengekommen. Auch an Vulkanen geht das Alter nicht spurlos vorüber. Aber was sind schon hundert Meter in fünfundsechzig Millionen Jahren? Zu schaffen macht ihm eher das Anthropozän, in dem der Mensch zum geologischen Faktor wurde. Bereits in den 1950ern waren die Flurbereiniger nicht zufrieden mit dem Ertrag der natürlichen Terrassen des „Bergli", die durch Bruchstein harmonisch erweitert waren, um Wein und Obst anzubauen. Das war den Planern jedoch zu wenig. „Seid fruchtbar und vermehrt euch, bevölkert die Erde, unterwerft sie euch …" So steht es bereits in Genesis. Der Optimierungswahn brach aus. In der Finsternis ihrer Amtsstuben ersonnen sie einen fürchterlichen Plan: größere Terrassen, mehr Ertrag, weniger Berg. Die Ersten waren längst pensioniert, als die

Letzten Hand an das „Handvoll Bergli" legten. Noch vor etwa vierzig Jahren arbeiteten sich riesige Maschinen an ihnen ab. Es entstanden Großterrassen, die das Landschaftsbild radikal veränderten: monströse, festungsartige, völlig landschaftsfremde Oberflächen. Da die Böschungen oft größer waren als die Rebflächen, erstreckte sich die Landschaftsveränderung auf mehr als das Doppelte der hinzugewonnenen Nutzfläche. Heute, einige Erdrutsche und viele in Kaltluftseen erfrorene Reben später, begnügen sich die Planer damit, einigermaßen am Laufen zu halten, was ihre Vorgänger angerichtet haben. Nachhaltig war das nicht. Bereits Karl Marx hatte erkannt: „Selbst eine ganze Gesellschaft, eine Nation, ja alle gleichzeitigen Nationen zusammengenommen sind nicht Eigentümer der Erde." Menschen hätten die Pflicht, sie der nächsten Generation als *boni patres familias* (gute Familienväter), zu übergeben.

Rund um und im Kaiserstuhl wird reger Weinbau getrieben. Ohnehin ist das Klima am Oberrhein eher mediterran. Der Kaiserstuhls toppt es. Er liegt im Regenschatten der Vogesen und wird von der Sonne verwöhnt. Hinzu kommen die Lössböden. Die Rebstöcke bekommen hier von allem die richtige Dosis. Die Kaiserstühler Weine haben mittlerweile international einen ausgezeichneten Ruf.

Über Sasbach am Kaiserstuhl erreiche ich Wyhl. Der kleine Ort machte den Kaiserstuhl als Geburtsort der deutschen Umweltbewegung weltberühmt. Genau genommen liegt er jedoch einige Kilometer nördlich am Rhein.

Wyhl
„Es hucke drej herre ám Rhin …"
(André Weckmann)

„Es hucke drej herre ám Rhin / un speele Ruhr uf fránzeesch un uf ditsch / metme zaichebrätt dr aant / met millioneschecks de zwait / met gummiknéttel de drétt.
Es hucke drej herre ám Rhin / un wérfle e bumbischs schicksál erüs / vive Fessenême! roeft dr aant / pfui Márckelse ! breelt de zwait / panzer nach Wyhl! bellt de drétt. / Es brunze drej herre ám Rhin / em námme vun technik mácht un finánz / e phenoolrischel dr aant / quäcksélwerlách de zwait / sálzige sudd de drétt.
Es spálte drej herre ám Rhin / goldiche áxe kärne atom / hauklotz esch min lánd. / Es huche drej herre ám Rhin / ánn kejje mr se nin?"
(rhingold von André Weckmann*)*

André Weckmann ist der „große, alte Mann" der Literatur im Elsass und am Oberrhein. Seine Bücher und Gedichte in elsässerditsch, französisch und hochdeutsch sind ein wichtiges Bindeglied über den Rhein. Wer Menschen und Landschaft am Oberrhein verstehen will, der sollte unbedingt Weckmanns badisch-elsässischen Schlüsselroman *Wie die Würfel fallen* lesen. Hauptthema Weckmanns ist jedoch die schwierige Identitätssuche seiner elsässischen Heimat. „Was seid ihn nun? / het de schwob gfroit: / Franzosen oder Elsässer? / Elsasser / het de elsasser xait / also seid ihr keine Franzosen / het de schwob xait / un esch d deer nüsgflöje."
Seine Texte und Gedichte waren prägend für den kurzen Aufschwung der grenzüberschreitenden alemannischen Regionalkultur in den Konflikten um die großtechnischen Anlagen in Wyhl, Gerstheim und im elsässischen Marckolsheim. 1969 war Breisach als Standort für ein Atomkraftwerk vorgesehen. Als dies an Protesten von Bauern und Winzern scheiterte, entschied man sich 1973 für Wyhl. Auch das war nicht zielführend. Ein Feuerstuhl am Kaiserstuhl? Eingeweiht von netten Schwarzwaldmädels mit roten Bommeln? Vor den Toren des weltberühmten *Blackwood-Forest*? Irgendwann ging selbst den beratungsresistentesten Planern ein Licht auf: „Ooops. Geht ja gar

nicht!" Allerdings wurde ihnen dabei geholfen. Am 18. Januar 1975 besetzten Umweltschützer und Bauern den Bauplatz. Der Widerstand gegen das AKW in Wyhl führt zur Politisierung der Natur- & Umweltschutzbewegung. DIE GRÜNEN gründeten sich fünf Jahre später im nahen Karlsruhe.

In Wyhl selbst hat der der erste große Atomkraftkonflikt Westdeutschlands keine sichtbaren Spuren hinterlassen. Heute wie damals blickt man vom Kaiserstuhl aus nördlich in die Rheinebene und sieht nur „plattes Land": Eine Ebene ohne Relief, von Feldern, Waldstücken und den hellen Flecken der Dörfer strukturiert. Schwer zu sagen, wo da unten Wyhl liegt. Wären die Pläne realisiert worden, würden zwei hundertfünfzig Meter hohe Nasskühltürme den Blick auf das Dorf lenken.

Durch jene Ebene fahre ich weiter nach Kehl. Dort wechselt der offizielle Rhein-Radweg zur linken Rheinseite in den Forêt de la Robertsau. Der Wald ist das Paradies der Straßburger Freizeitsportler. Es ist Freitag Nachmittag. Dort wird Rush-Hour angesagt sein. Ich bleibe lieber auf der deutschen Seite, wo ich nur selten ein Verkehrshindernis bin.

Am Badesee in Honau finde ich ein stilles Plätzchen. Er liegt direkt hinter dem Rheindamm. Auf der Terrasse vor dem Kiosk trinken Ureinwohner noch ihr Feierabendbier. Der Besitzer stellt bald die Stühle hoch. Die letzten Badegäste gehen mit der Sonne. Danach sind der See und ich alleine. Gleichmäßig schwappen sanfte Wellen ans Ufer. Lange sitze ich noch am Sandstrand und schaue ihnen dabei zu. Die Stille wird nur selten von einem Frachter durchbrochen, der nach Basel oder zur Nordsee unterwegs ist. Das Tuckern der Dieselmotoren wabert über den See. Es gehört zu dieser Landschaft, ist ihr Pulsschlag.

Am nächsten Morgen fahre ich auf dem Rheindamm weiter Richtung Norden. Kähne kommen mir entgegen. Kapitäne winken zurück. Reisende unter sich. Vor Karlsruhe müssen wir uns trennen. Der Radweg verlässt den Rhein – und mich verlässt die Orientierung. Seit Heinrich von Kleist ist die ehemalige Residenzstadt etwas unübersichtlich geworden.

Karlsruhe
„Klar und lichtvoll wie eine Regel, und wenn man hineintritt, so ist es, als ob ein geordneter Verstand uns ansprüche" (Heinrich von Kleist)

Heinrich von Kleist war nur auf der Durchreise. Das, was er dabei von der „Fächerstadt" sah, war wenig. Es hat ihn dennoch nachhaltig beeindruckt. Der Ruhelose fand im Geordneten halt. Er sollte nicht der Letzte sein, der staunte. Thomas Jefferson besuchte die Stadt auch, der Gründer der Demokratisch-Republikanischen Partei. Das war 1788. Dreizehn Jahre nach seinem Besuch in Karlsruhe wurde er dritter Präsident der Vereinigten Staaten. Auf sein Konto geht die amerikanische Unabhängigkeitserklärung.

Er lies eine Skizze anfertigen. Ausgerechnet von Karlsruhe, das seine Entstehung – wenn auch aufgeklärtem - Absolutismus verdankte. Das störte ihn nicht. So sollte seine amerikanische Hauptstadt aussehen. Washington hat bis heute noch viel Ähnlichkeit mit Karlsruhe. Beide sind aus dem Boden gestampfte Siedlungen, die vor allem eines zur Schau stellen wollen: Macht. Tatsächlich legte Stadtgründer Markgraf Karl-Wilhelm von Baden-Durlach in seinem Privilegienbrief die zukünftigen Bewohner seiner neuen Residenz auf ein Muster fest, das seinem eigenem ästhetischen Gutdünken entsprach: „Um ein alle ansprechendes und einheitliches Ortsbild zu sichern, wird der Markgraf ein durchgehendes Gestaltungsmodell erlassen, nach dem sich die neuen Einwohner bei der Errichtung ihrer Gebäude auszurichten haben." Eine recht rigide Vorgabe, die Karlsruhe aber seine unverwechselbare Gestalt gab.

Obwohl Musterbeispiel absolutistischer Stadtarchitektur, war Karlsruhe von Anbeginn vom liberalen Geist geprägt. In seinem Privilegienbrief sah der absolute Herrscher weitreichende Freiheiten und Vergünstigungen für die Bürger seiner neuen Hauptstadt vor: Religionsfreiheit, eigenes Untergericht in Karlsruhe, zwanzig Jahre Steuerfreiheit und garantiert keine Leibeigenschaft. Zudem lockte er Neubürger mit handfesten Vergünstigungen: unentgeltliches Grundstück, Bauholz und Bausand kostenlos. Wer konnte da noch

Nein sagen? Nun: Derjenige, dem das „Eintrittsgeld" fehlte. Arme Schlucker hielt er so von seiner prachtvollen Residenzstadt fern.

Das in den Privilegien zugestandene Untergericht in Karlsruhe wurde das Erste in der Stadt. Ihm sollten viele in die *Residenzstadt des Rechts* folgen. „Karlsruhe – Die, wo Recht haben" titelte Thorsten Jungholdt in der WELT. 1818 wurde in Karlsruhe die fortschrittlichste Verfassung der Zeit verabschiedet. Sie ersetzte die absolute durch die konstitutionelle Monarchie und schuf weitgehende Grundrechte für die Bürger des Großherzogtums Baden. 1822 bezog der Badische Landtag den ersten eigenständigen Parlamentsbau in Deutschland, das Karlsruher Ständehaus. Es gilt als Vorbild für das erste gesamtdeutsche Parlament, die Nationalversammlung von 1848/49 in der Frankfurter Paulskirche - und damit als Wiege der deutschen Demokratie. Auch nach der Niederschlagung der zweiten deutschen Revolution blieb der Liberalismus in Karlsruhe lebendig. 1863 machte hier der erste deutsche Verwaltungsgerichtshof aus Untertanen Bürger, weil sie fortan dem Staat im Prozess auf Augenhöhe begegnen konnten. Ob bei der Gleichstellung der Juden oder bei der Emanzipation der Frauen – immer stand die kleine Stadt in Baden an der Spitze der Bewegung. Und so war es kein Zufall, dass nach dem Zweiten Weltkrieg gleich drei der höchsten Justizorgane der jungen Bundesrepublik ihren Sitz in Karlsruhe fanden: Bundesgerichtshof, Bundesanwaltschaft und Bundesverfassungsgericht. Wer sich von Behörden und Gerichten oder gar dem Gesetzgeber ungerecht behandelt fühlt, der sagt „Ich gehe nach Karlsruhe" – und erhofft sich ein Machtwort der Verfassungshüter. Niemand kann den sechzehn Richterinnen und Richtern in diese Urteile hineinreden.

Mir redet auch niemand hinein. Das ist schade. „Bitte holt mich hier raus!" In der grünen Hölle an der Alb - „Naherholung im Stadtgebiet" – grounde ich einen Jogger. „Zum Rhein?" Er schaut mich verständnislos an. Zwischen Innenstadt und Rhein liegt das riesige Hafengebiet. „Da wollen Sie doch nicht wirklich hin?!" Nachdem ich eine halbe Ewigkeit durch unschöne Gegenden geirrt bin, werde ich von einen Rentnerpärchen angesprochen, das ebenfalls per Rad unterwegs ist. „Wohin des Weges?" Ist das nicht Shakespeare?

„Whither goest thou?" Aaah! Ich liebe Bildungsbürger. „Ich hab den Radweg verloren. Wo bitte geht's zum Rhein?" Sie erklären mir den Weg. In meinem Gesicht lesen sie danach nur Fragezeichen. Das aktiviert ihr Spiegelgen. Sie begleiten mich bis kurz vor Neureut, dem nördlichsten Stadtteil. Mein erster Gedanke: „Das Gröbste habe ich hinter mir." Weit gefehlt! Und die Moral der Geschicht': „Den Radweg, den verlässt man nicht!"

In Linkenheim säuselt ein Rastplatz: „Komm, lass es für heute gut sein!" Wie Rastplätze eben so sind. Ja, manche Plätze können reden, wenn auch nicht so wie du und ich. Ohnehin beginnt bereits die Dämmerung. „S'ist Feierab'nd, s'ist Feierab'nd. / Das Tagwerk ist vollbracht." Die Küche bleibt heute kalt. Ein paar Kekse, dann rolle ich Matte und Schlafsack aus. Kaum in der Horizontalen, bin ich bereits eingeschlafen.

Gegen Mitternacht wird es plötzlich sehr hell. Nanu? Supernova? Hat doch noch vier Milliarden Jahre Zeit, bis uns die Sonne grillt. Dazu passt auch die Stimme aus dem Off nicht. „Lebst Du noch?" Schlaftrunken richte ich mich mit der mir gerade noch möglichen Grandezza auf. So ein Biwaksack ist eher etwas für Bodage-Liebhaber. Ich schalte die Stirnlampe ein. Vor mir steht ein Eingeborener mit seiner Freundin. Freundlicherweise hält er mir seine Taschenlampe nicht mehr ins Gesicht. Unsere zwischenmenschliche Beziehung macht Fortschritte. Nun kann der gemütliche Teil beginnen. Sie haben ein Sixpack dabei und setzen sich, ich habe noch etwas Rotwein. „Meine Freundin hat Geburtstag." Um Mitternacht. Aha. „Wir wollen das hier feiern." So, so. Noch immer bin ich nicht ganz auf der Höhe der Zeit. Das angebotene Bier schlage ich aus, nehme aber einen kräftigen Schluck von meinem Roten. Danach beginne ich langsam, in die Realität zurückzufinden. Es folgt viel *G'schwätzgebabbel*, aber auch Ernsthaftes. Er ist froh, bei seinen künftigen Schwiegereltern hier im Dorf zu wohnen, ist er doch in einem nicht so noblen Stadtteil von Karlsruhe aufgewachsen, mit wenig Chancen, da rauszukommen. Wir reden übers Schreiben, nachdem ich ihm den Hintergrund für die Besetzung seiner Bank gebeichtet habe. „Versuchs doch auch." Zu erzählen hat er viel. Jedenfalls in dieser Nacht. Als das letzte Bier getrunken und der letzte Rotwein weggesüffelt ist, verabschieden wir

uns herzlich. „Und dass Du mich ja in Deinem Buch erwähnst!"
Versprochen. Gehalten!
Am nächsten Morgen wache ich wie gerädert auf. Die nächtliche Sause
steckt mir tief in den Knochen. Wie spät ist es geworden? Egal.
Jedenfalls war es noch dunkel, als ich wieder einschlief. Etwas
zerknautscht sattele ich mit „högschder Disziplin" meine Rosinante
und reite Heidelberg entgegen.

Zehn Kilometer östlich von Linkenheim steht der Michaelsberg - kein
Watzmann, aber eine wichtige Landmarke am Oberrhein. Und eines der
ersten Naturschutzgebiete im Südwesten. Und Wallfahrtsort. Von dort
oben könnte ich bereits den Odenwald hinter Heidelberg sehen. Zu
seinen Füßen liegt Untergrombach, heute ein Ortsteil der Stadt
Bruchsal. Das Dorf ist eine Landmarke auf der historischen Landkarte
deutscher Freiheitsbewegungen. Joß Fritz wurde hier geboren. Joß
Fritz? 1502 führte der Sohn der Leibeigenen Michel und Magdalena
Fritz von hier aus den ersten Bauernaufstand nach Bruchsal. So
entstand die Bundschuh-Bewegung, benannt nach ihrem Feldzeichen.
Der für Bauern typische Schnürschuh stand dafür, dass sie gemeinsam
aufgestanden waren und gegen ihre Herren vorrückten: Bundschuh
statt sporenklirrender Ritterstiefel. Es waren keine Horden entfesselter
Berserker. Vielmehr ging es den tief religiösen Bauern darum, das
Rechtsstaatsprinzip – wie wir das heute nennen würden – gegen die
Willkür lokaler Despoten durchzusetzen. Die nahmen ihnen weg, was
sie zum kargen Leben brauchten und behandelten sie eher als Sachen,
denn als Menschen. Ihre zentrale Forderung: Es „solle niemand mehr
einen anderen Herrn als Gott, den Kaiser und den Papst anerkennen".
Der Reichtum des Landes sollte allen gehören: „Fisch- und Vogelfang,
Holz, Wald und Weide soll frei, Armen und Reichen gemein sein."
Ihr erster Angriff geriet zum Desaster. Die Anführer wurden in
Bruchsal verraten und gefasst. Joß Fritz entkam nur mit viel Glück in
den Südschwarzwald. Zehn Mitkämpfer wurden gefangen und
enthauptet. Dennoch kämpften die Bauern weiter – fast ein viertel
Jahrhundert. Zu groß war ihre Not, um auf die Felder zurückzukehren,
wo sie trotz harter Arbeit nur Hunger erwartete. Der Bauernaufstand
erreichte 1525 seinen Höhepunkt. Teuerung, Hungersnot und Pest
machten viele Bürger zu ihren Verbündeten. Damit wurde es für die

Herrschenden brenzlig. Kurfürst und Erzbischof schlugen mit der Macht ihres Militärapparates unter dem „Bauernjörg", von dem schon die Rede war, den Aufstand endgültig nieder. Die Anführer wurden gefasst. Auch ihre Köpfe rollten im Bruchsaler Schlosshof. Jos Fritz entkam wieder. Im Hegau verliert sich seine Spur. „Verrat. Und wieder auf den Straßen / Joss Fritz gejagt, gesucht, versteckt. / Und die ihn hören und berühren / sind aufgerührt und angesteckt. / Mal ist er Mönch, mal Landsknecht, Bettler, / mal zieht ein Gaukler über Land, / und mal erkennen ihn Genossen / am Muttermal auf seiner Hand." Franz-Josef Degenhart hat ihm in seiner *Ballade vom Bauernführer Joss Fritz* ein Denkmal gesetzt. In der Region trifft man noch heute oft auf seinen Namen. In Freiburg ist ein Café nach ihm benannt, Straßen und Schulen andernorts. Eine späte Anerkennung für den Sohn von Leibeigenen, der für Recht und Gesetz kämpfte.

Von den Bauernkriegen zur Badischen Revolution ist es am Oberrhein nicht weit. Im Frühsommer 1849 standen sich bei Waghäusel in Wiesental badische Revolutionstruppen unter General Franz Sigel und eine Invasionsarmee unter preußischer Führung gegenüber. Waghäusel liegt in der Mitte zwischen Karlsruhe und Mannheim, nur drei Stunden Fußmarsch von Untergrombach entfernt. Die badischen Truppen konnten die Invasoren zunächst schlagen. Doch sie setzten nicht konsequent genug nach. Da war wieder dieses Zaudern, das Engels so auf die Nerven ging. Ergebnis: Die Preußen reorganisierten sich und rieben die Revolutionäre schließlich auf. Der Heimatverein Wiesental hat ihnen vor zehn Jahren ein Denkmal gesetzt: „In dankbarer Erinnerung an die Freiheitskämpfer, die während der Badischen Revolution im Gefecht bei Wiesental am 20. und 21. Juni 1849 für EINIGKEIT und RECHT und FREIHEIT ihr Leben eingesetzt haben."

Hinter Hockenheim fahre ich durch einen Wald, der nicht enden will. Still ist es hier. Niemand begegnet mir. Dann brüllt mich unvermittelt eine Autobahn an. Dahinter liegt das Neckartal. Ich lasse mich hinunterrollen. Ganz entspannt im Hier und Jetzt.

Heidelberg
„Alt-Heidelberg, du feine; Wohlauf, die Luft geht frisch und rein…" (Joseph Victor von Scheffel)

Warum ist Heidelberg bis heute ein Besuchermagnet? Die Industrialisierung ging an der Neckarstadt ohne größere Spuren vorbei. Touristen haben sie bereits im frühen 19. Jahrhundert entdeckt. Nach dem Anschluss an das Eisenbahnnetz im Jahr 1840 wurden sie zu einem wichtigen Wirtschaftsfaktor. So wie die zahlreichen Studenten der ältesten Universität auf deutschem Boden. Das 1901 uraufgeführte Schauspiel *Alt-Heidelberg* machte die Stadt am Neckar zu einem Sinnbild des Studentenlebens im 19. Jahrhundert. Joseph Victor von Scheffels Gedicht *Alt-Heidelberg, du feine* wurde weit über Heidelberg hinaus ein populäres Studentenlied. Bis heute hält sich der Mythos Studentenstadt. Zur ungebrochenen Popularität trägt aber auch das milde Klima bei. Heidelberg liegt in einer der wärmsten Regionen Deutschlands. Selbst Mandel- und Feigenbäume gedeihen hier.

Und dann ist da noch die einzigartige Landschaft, von der schon die Romantiker schwärmten. Der deutsche Landschaftsmaler Carl Anton Joseph Rottmann, geboren in Handschuhsheim bei Heidelberg, hat sie in seinem großformatigen Aquarell aus dem Jahr 1815 verewigt: mit Blick vom Hang des Königsstuhls über das Heidelberger Schloss auf den Austritt des Neckars in die Rheinebene. Rottmans Gemälde war eines aus dem Lehrbuch. Es zeigte das ideale Landschaftsbild der Romantik: Polarisierung von Enge und Weite, Nah- und Fernsicht, im Abendlicht verklärte Konturen.
Anfang des 19. Jahrhunderts wurde die Neckarstadt zu einem Schmelztiegel der deutschen Romantik. Hier fand sich ein, wer Rang und Namen hatte: Friedrich Hölderlin, Ludwig Achim von Arnim, Clemens Brentano und Joseph von Eichendorff. Arnim und Brentano veröffentlichten zwischen 1806 und 1808 in Heidelberg unter dem Titel *Des Knaben Wunderhorn* eine Sammlung deutscher Volkslieder. Ihre *Zeitung für Einsiedler* war das Sprachrohr der Heidelberger Romantiker.

Der Bahnhofsvorplatz von Heidelberg ist weniger romantisch. Für die Altstadt bleibt mir leider keine Zeit mehr. Meine Erinnerung an Heidelberg wird die erste Nacht meiner Tour bleiben. Und die war zum Niederknien. Im Zug denke ich dann zum wiederholten Mal:

„Ei dit it mei wäääihhh!"

Für die Unersättlichen
Literatur über Baden-Württemberg

Adam, Thomas: *Joß Fritz – das verborgene Feuer der Revolution.*
Bundschuhbewegung und Bauernkrieg am Oberrhein im frühen 16. Jahrhundert.
Ubstadt-Weiher 2002 (Verlag Regionalkultur).
Bachmann, Daniel: *Schwarzwaldmädels.*
Tübingen 2011 (Silberburg-Verlag).
Berlichingen, Götz von: *Lebensbeschreibung des Ritters Götz von*
Berlichingen mit der eisernen Hand.
Unveränderter Nachdruck der Ausgabe Nürnberg 1731.
Frankfurt am Main 1980 (Weidlich-Reprints).
Bernauer, Annette / Jacoby, Harald: *Bodensee. Naturreichtum am*
Alpenrand.
Überlingen 1994 (Naturerbe Verlag Jürgen Resch).
Bausinger, Hermann: *Der herbe Charme des Landes. Gedanken über*
Baden-Württemberg..
Tübingen 2011 (Klöpfer & Meyer, 4. Auflage).
bikeline Radtourenbuch: *Bodensee-Radweg. Rund um den Bodensee,*
Überlinger See und Untersee.
(Verlag Esterbauer).
Bogner, Franz X.: *Der Bodensee aus der Luft.*
Würzburg 2009 (Stürtz).
Borst, Otto / Quarthal, Susanne / Quarthal, Franz: *Geschichte*
Baden-Württembergs.
Stuttgart 2004 (Konrad Theiss Verlag).
Braun, Andreas / Renz, Gabriele: *Wir können alles: 60 Einblicke in die*
Geschichte Baden-Württembergs.
Stuttgart 2012 (Konrad Theiss Verlag).
Brauns, Patrick / Pfrommer, Wolfgang: *Natur-Wanderführer Untersee.*
Überlingen 1999 (Naturerbe-Verlag Jürgen Resch).
Brauns, Patrick: *Bodensee-Handbuch Radtouren für Genießer.*
Wolfegg 2004 (Multimedia Verlag Marcel Hinze).
Brudermüller, Susanne (Hrsg.) / Brudermüller, Elisabeth /
Buck, Dieter: *Zu jeder Jahreszeit: Wandern und Radeln im Ländle.*
Tübingen 2011 (Silberburg-Verlag).

Depenau, David / Drücke, Ernot: *Karlsruhe einst und heute –*
Vergleichende Stadtansichten.
Ubstadt-Weiher 2006 (Verlag Regionalkultur).
Ebert, Ines: *Sommergarben. Historischer Roman aus dem Allgäu.*
Tübingen 2012 (Silberburg-Verlag).
Eichhorn, Manfred: *Wenn's vom Münster zwölfe schlägt!*
Geschichten und Anekdoten aus Ulm.
Gudensberg-Gleichen 2011 (Wartberg-Verlag).
Engels, Friedrich: *Der deutsche Bauernkrieg.*
Berlin 1987 (Dietz, 15. Auflage).
Eugster, Erwin / Guisolan, Michel / Hürlimann, Katja /
Fahrer, Uwe: *Ein Rundgang durch das alte Breisach.*
Gudensberg-Gleichen 1999 (Wartberg-Verlag).
Ficus, André/Walser, Martin: *„Heimatlob", ein Bodenseebuch.*
Friedrichshafen 1978 (Verlag Robert Gessler).
Föllmi, Toni / Brodhage, Klaus: *Basel und seine Kultur.*
Basel 2002 (F. Reinhardt).
Freier, Peter / Freier, Ute: *Leichte Radtouren in Baden-Württemberg:*
40 familienfreundliche Genussrouten.
München 2008 (Bruckmann).
Friederich, Gerd: *Schwabenbomber: Historischer Roman.*
Tübingen 2011 (Silberburg-Verlag).
Friesen, Ute / Thiemann, Jan / Kracht, Susanne:
Schräge Heimat: Abgefahrene Sehenswürdigkeiten in Baden-Württemberg.
Stuttgart 2009 (Konrad Theiss Verlag).
Funk, Michaela: *Fahr mal hin: Auf Entdeckungstour durch*
Baden-Württemberg.
Stuttgart 2012 (Belser, 3.Auflage).
Gaßner, Gertraud / Schwarz-Gaßner, Rainald: *RadReisebuch.*
Rund um den Bodensee. Von Lindau nach Konstanz.
München 1990 (Droemer-Knaur).
Gruschke, Andreas: *Der Hochrhein. Eine alemannische Flusslandschaft.*
Freiburg im Breisgau 1995 (Schillinger).
Härtling, Peter: *Waiblingers Augen.*
Köln 1997 (Kiepenheuer & Witsch).
Irlinger, Bernhard: *Der Donau-Radweg, Von der Quelle bis Passau.*
München 2002 (Bruckmann-Verlag).

Kaschnitz, Marie Luise: *Beschreibung eines Dorfes.*
Frankfurt am Main und Leipzig 1983 (Insel-Verlag).

Katz, Gabriele: *Franziska von Hohenheim – Herzogin von Württemberg.*
Stuttgart 2010 (Belser).

Kiel, Martina / Wiedemann, Karola: *Schwäbisch kochen.*
München 2010 (Gräfe und Unzer).

Keuler, Dorothea: *Provokante Weibsbilder: Historische Skandale aus Baden und Württemberg.*
Tübingen 2011 (Silberburg-Verlag).

Klink, Vincent: *Hochsaison. Ein Genußratgeber für alle Jahreszeiten.*
Stuttgart, Leipzig 1999 (Hirzel).

Knoepfli, Adrian / Füllemann, Dieter: *Stein am Rhein – Geschichte einer Kleinstadt.*
Schleitheim 2007 (Stamm).

Kunze, Michael: *Der Freiheit eine Gasse. Leben eines deutschen Revolutionärs.*
München 1990 (Kindler).

Lehmann, Johannes: *Baden-Württemberg kurios: 40 skurrile Ausflugsziele.*
Tübingen 2010 (Silberburg-Verlag).

Mai, Manfred: *Winterjahre: Roman von der Schwäbischen Alb.*
München 2009 (Piper Taschenbuch).

McBratney, Sam (Autor), Jeram, Anita (Illustrator), Eichhorn, Manfred (Übersetzer): *Woisch du, wia saumäßig i di mag?*
Mannheim 2004 (Bibliografisches Institut).

Mangold, Matthias F.: *Die schwäbische Küche – Regionale Spezialitäten.*
Stuttgart 2011 (Kosmos).

Nestler, Martin: *Ulm – Geschichte einer Stadt.*
Erfurt 2003 (Sutton Verlag).

Patzer, Georg: *Kleine Geschichte der Stadt Karlsruhe.*
Karlsruhe 2004 (G. Braun).

Pflüger, Helmut: *Rundgang durch das alte Ulm.*
Gudensberg-Gleichen 2001 (Wartberg-Verlag).

Plener, Beate / Plener, Michael / Hegar, Martin: *Badische Küche.*
Rezepte, Bräuche und Geschichten im Jahreslauf.
München 2011 (Bassermann Verlag).

Reichert, H.-D. / Wägerle, D. / Döbbelin, H.J.: *Schwaben.*
Kulinarische Streifzüge.
Blaufelden 2005 (Sigloch-Verlag).

Sonntag, Christoph / Luz, Michael: *Schwäbisch für Anfänger.*
München 2010 (Langenscheidt).

Stiefel, Gerd: *Stiefels Stein: Ein Frauenschicksal von der Schwäbischen Alb.*
Tübingen 2011 (Silberburg-Verlag).

Scholl, Inge: *Die Weiße Rose.*
Frankfurt/M. 1982 (S. Fischer).

Seibold, Jürgen: *Lindner und das Apfelmännle. Ein Alb-Krimi.*
Tübingen 2011 (Silberburg-Verlag).

Thorbecke, Franz / Resch, Jürgen: *Bodensee – Weltkulturlandschaft im Wandel der Zeit. Ein Porträt in Luftbildern aus 80 Jahren.*
Konstanz 2004 (Verlag Friedrich Stadler).

Tschofen, Bernhard (Hrsg.): *GrenzRaumSee – Eine ethnografische Reise durch die Bodenseeregion.*
Tübingen 2008 (TVV-Verlag).

Twain, Mark: *Bummel durch Europa.*
Berlin 1996 (Insel Verlag).

Unterkofler, Gerhard: *Bodensee - 30 umweltgerechte Tagestouren, optimale Tourenplanung, präzise Wegbeschreibungen, Streckenskizzen.* Pietsch Verlag, Stuttgart 1998 (1. Auflage).

Walter, Jürgen: *Franziska von Hohenheim.*
Mühlacker 2010 (Stieglitz).

Kaschnitz, Marie Luise: *Beschreibung eines Dorfes.*
Frankfurt am Main 1966 (Insel-Verlag).

Weber, Reinhold / Wehling, Hans-Georg (Hrsg.): *Baden-Württemberg. Gesellschaft, Geschichte, Politik.*
Stuttgart 2006 (Kohlhammer).

Weckmann, André: *„elsassischi grammatik oder ein Versuch die Sprache auszuloten".*
Pfaffenweiler 1989 (Pfaffenweiler).

Weckmann, André: *Wie die Würfel fallen.*
St. Ingbert 2004 (Universitätsverlag Röhrig).

Weyl, Anne: *Komm, lass uns radeln: Unterwegs auf der 'Tour de Ländle'.*
Mit Ernest Hemingways Reise durch den Schwarzwald.
Meßkirch (Gmeiner-Verlag).

Radfernwege in Baden-Württemberg
Ein Überblick

Weitere Infos zu den Radwegen finden Sie auf meiner Autorenwebsite www.outdoor-reiseberichte.info.

Alb-Neckar-Radweg

Der Alb-Neckar-Radweg führt von Ulm über Ludwigsburg und Heilbronn nach Eberbach am Neckar. Zwischen Ulm und Ludwigsburg gibt es mehrere Schleifen, die vom Hauptweg abzweigen.

Bodensee-Radweg

Der Radfernweg umläuft auf rund zweihundertsechzig Kilometern den Bodensee. Auf der Schweizer Seite fällt der Bodensee-Radweg mit dem Rhein-Radweg - genauer mit dessen schweizerischem Abschnitt, der Rheinroute - zusammen.

Donau-Radweg

Der Radfernweg führt von der Quelle der Donau bis zu deren Mündung ins Schwarze Meer. Er folgt dabei einer antiken Römerstraße (Via Istrum) entlang des Donaulimes, der die Stationen, Kastelle und Festungen bis zum Donaudelta verband. Der Weg ist Teil der EuroVelo-Route *EV6* (Flussroute vom Atlantik bis zum Schwarzen Meer).

Hohenzollern-Radweg

Ein hundertneunzig Kilometer langer Radfernweg, der von Esslingen am Neckar über den Naturpark Schönbuch und die südwestlichen Ausläufer der Schwäbischen Alb, das Donautal und den Hegau bis an den westlichen Rand des Bodensees führt.

Idyllische Straße - Radfernweg

Die Idyllische Straße ist eine seit 1967 bestehende, hundertdreißig Kilometer lange Ferienstraße im Naturpark Schwäbisch-Fränkischer Wald. Seit einiger Zeit existiert auch ein Radweg gleichen Namens, der in etwa dem Verlauf der Idyllischen Straße folgt.

Kocher-Jagst-Radweg

Ein rund dreihundertvierzig Kilometer langer Radrundweg, der an den Flüssen Kocher und Jagst entlangführt. Die beiden Flüsse sind dabei jeweils nur wenige Kilometer voneinander entfernt.

Kraichgau-Burgenweg

Ein knapp hundertsiebzig Kilometer langer Radfernweg im nördlichen Baden-Württemberg – vom Bad Schönborn über Heilbronn nach Rotenburg ob der Tauber.

Neckartal-Radweg

Ein über vierhundert Kilometer langer Radfernweg entlang des Neckars - von Villingen-Schwenningen bis nach Mannheim.

Radwanderweg Donau-Bodensee

Der etwa vierhundertdreißig Kilometer lange Radwanderweg verbindet die Region zwischen Bodensee und Ulm an der Donau. Er verläuft teilweise entlang der Oberschwäbischen Barockstraße, führt aber über abgelegenere Straßen und Feldwege.

Rheinradweg

Der Rhein-Radweg - EV15 EuroVelo-Route 15 (auch: *Rhein-Radweg*; niederländisch: *Rijnfietsroute*; französisch: *Véloroute Rhin*; englisch: *Rhine cycle route*) ist ein über eintausendzweihundert Kilometer langer Radfernweg, der durch fünf Staaten vom Quellgebiet des Rheins in den Schweizer Alpen am Oberalppass bis zur Mündung bei Rotterdam führt.

Schwarzwald-Radweg

Der Schwarzwald-Radweg ist ein knapp vierhundert Kilometer langer Radfernweg zwischen Karlsruhe und Lörrach. Er verläuft im Wesentlichen auf dem Schwarzwaldkamm – auf zumeist für den Kraftverkehr gesperrten Asphaltstraßen und befahrbaren Forstwegen.

Stromberg-Murrtal-Weg

Ein hundertsechzig Kilometer langer Radfernweg quer durch Baden-Württemberg, von Karlsruhe (Rheintal-Radweg) nach Gaildorf (Kocher-Jagst-Radweg).

Genießen in Baden-Württemberg
Mit dem Gaumen entdecken

Baden-Württemberg ist die Heimat von Spätzle, Maultaschen, Schwarzwälder Schinken, Zibärtle (ein Edelobstbrand aus Wildpflaumen), Trollinger und Essigpralinen. Für viele ist es das "Genießerland" unter den deutschen Bundesländern. Wer jedoch beide Landesteile kulinarisch in einen Topf zu wirft, macht sich keine Freunde im Bindestrichland. Die badische Küche ist stark von den französischen Nachbarn beeinflusst. Im Gegensatz dazu ist die schwäbische Küche eher ländlich und rustikal. Sie hat ihre Ursprünge im kargen Leben der schwäbischen Bauern. Baden hatte durch die Oberrheinebene mit dem wärmsten Klima Deutschlands, fruchtbaren vulkanischen Böden deutlich bessere Voraussetzungen. Die Schwaben gleichen das mit viel Fantasie aus - etwa den Maultaschen, die es bis in die Feinkostläden europäischer Großstädte geschafft haben. Und die Schwarzwälder Kirschtorte wurde vielleicht ausgerechnet im württembergischen Tübingen erfunden. Allerdings: Die berühmteste deutsche Torte will fast jeder erfunden haben, der aromatisierte Kirschen und Sahne im Haus hatte. Eindeutiger ist die Herkunft von Baeckeoffe und Flammkuchen, feinem Sauerkraut oder Schäufele: aus dem Elsass.

Das badische *Schüfeli* ist eine gepökelte und geräucherte Schweineschulter. Sie wird in einem Sud aus Wasser, Weißwein und etwas Essig mit Zwiebel, Lorbeer und Gewürznelken knapp unter dem Siedepunkt zwei bis zweieinhalb Stunden gegart. Serviert wird es mit einem Kartoffelsalat, der mit der Kochbrühe und Salz, Pfeffer und Essig angemacht wurde. Das so genannte *Schüfeli* mit Kartoffelsalat (*Herdepfelsalat*) und Feldsalat (*Sunnewirbeli*) ist in Südbaden ein traditionelles Essen an Heiligabend.

Aus dem Elsass kommen wohl auch die bei (Rad)Wanderern beliebten Landjäger („Rucksackwurst"). Dort heißen sie *Gendarmen*. Es sind eintägig geräucherte und luftgetrocknete Rohwürste, die meist paarweise zusammenhängen und früher als Proviant bei der Feldarbeit und in den Weinbergen dienten. Sie sind auch bei den Schwaben beliebt.

Auch in der Pfalz wurden die Badenser fündig. Von dort haben sie die ungewöhnliche Kombination von Süßspeisen und salzigen Gerichten übernommen.

Die schwäbische Küche ist im Gegensatz zur französisch beeinflussten badischen Küche eher einfach und bodenständig. Sie ist von weniger Einflüssen der Nachbarn bestimmt. Ihr besonderes Kennzeichen: Man lässt hier gerne alles in Soßen schwimmen. Kein Fleischgericht kommt hier ohne „a gscheide Soß" auf den Tisch. Sollen die Wiener ihre staubtrockenen Schnitzel doch selber essen. Zentrale Bedeutung haben Eierteigwaren. Sie kommen hier allerdings nicht in italienischer Vielfalt, sondern als Maultaschen und Spätzle auf den Tisch. Spätzle werden aus einem zähflüssigen Teig zubereitet, der traditionell in schmalen Streifen von einem „Spätzlesbrett" direkt ins kochende Wasser geschabt, danach in Butter geschwenkt und sofort serviert wird. Der Teig wird nur aus Mehl, Ei und Wasser zubereitet. Selten gibt der sparsame Schwabe noch etwas hinzu: etwa Spinat, Bärlauch oder Tomatenmark. Die Spätzle sind hier universelle Beilage wie andernorts die Kartoffel. Man baut mit ihnen aber auch eigenständige Gerichte wie die Käs'spätzle. Die werden mit angebratenen Zwiebelringen in eine Form geschichtet und im Ofen mit Käse überbacken. Linsen mit Spätzle sind ebenfalls beliebt. Hierzu werden die Spätzle mit weich gekochten und mit Essig angesäuerten Linsen serviert. Dazu werden gekochte Saitenwürste (Wienerle) und/oder ein Stück geräucherter Bauchspeck gereicht: Einfach, beliebt und preiswert.
Auch Maultaschen lassen sich immer wieder anders zubereiten. Mit unterschiedlichen Füllungen lassen sie sich weiter variieren. Die gewickelten oder gefaltete Nudeltaschen mit einer herzhaften Füllung aus Fleisch, Spinat, Zwiebeln und eingeweichten *„Wegga"* (Brötchen), hat sich in den letzten Jahren als Exportschlager erwiesen.
Schupfnudeln, etwas frivol auch *Buabaspitzla* genannt, sind fester Bestandteil der oberschwäbischen Küche. Ländlicher Humor kommt nicht immer politisch korrekt daher. Die länglichen, spitz zulaufenden Klößchen werden aus festem Kartoffelteig (ungefähr gleich viel Weizenmehl wie Kartoffeln) hergestellt, kurz in Salzwasser gegart und dann goldbraun in Butter angebraten. Sie können auch als Süßspeise gereicht werden, zum Beispiel mit Zimtzucker oder Apfelmus. In

manchen Regionen allerdings werden Schupfnudeln aus Nudelteig bevorzugt.

Aber auch gehaltvolle Suppen und Eintöpfe sind typisch für die schwäbische Küche. Über Jahrhunderte erlaubten die kargen und steinreichen Bedingungen auf der Schwäbischen Alb kaum Viehzucht in größerem Maße. Fleisch konnten sich daher nur wenige leisten. Es galt als „Herrenessen". Das gemeine Volk hielt sich mit Gedärmen („Saure Kutteln") und einfachen Mehlspeisen über Wasser.

Auch innerhalb Schwabens gab es regionale Unterschiede. Richtung Oberschwaben wird die Küche vielseitiger. Hier waren die Weiden schlicht ertragreicher. Milch, Rahm und Käse erweiterten den Speisezettel. Auch die früheren herrschaftlichen und konfessionellen Entwicklungen des Schwabenlandes beeinflussten die regionalen Küchen. In den pietistisch geprägten Teilen Alt-Württembergs war die Küche meist karger. Hier ging es den Menschen vor allem darum, satt zu werden. Die katholischen, durch Österreich und Klosterbesitz geprägten Teile in Oberschwaben und im bayerischen Schwaben haben eine eher genussfreudige Küche mit einem deutlich höheren Anteil an üppigen Mehlspeisen. Im Hohenlohischen werden Fische, vor allem Karpfen, bevorzugt. Die Küchen um die ehemaligen Reichsstädte Ulm, Augsburg, Ravensburg, Biberach sind heute noch vielfältiger, der regelmäßige Kontakt nach Italien und Frankreich ist spürbar. Als Mitte des 17. Jahrhunderts die Kartoffel („Grombir" „Grombiera", „Aidepfl", „Herdepfl", „Ebiera" oder „Bodabirre") eingeführt wurde, gewann diese auch hier an Beliebtheit und wurde in die Küche integriert (zum Beispiel als Schupfnudeln, Kartoffelsalat oder auch Bratkartoffeln).

Charakteristisch für die schwäbische Backwelt sind Laugengebäck (Brezeln, Wecken und Stangen) und Hefezopf. Die schwäbische Seele (oder Briegel) ist ein baguetteartiges Weißbrot aus Dinkel, das aus dem Oberschwäbischen stammt. Der relativ dünnflüssige Teig aus Dinkelmehl, Hefe, Wasser und Salz wird von Hand zu einem länglichen Brot geformt, mit Kümmel und grobem Salz bestreut und goldbraun gebacken. Außen knusprig, ist die Seele innen weich und luftig. Dank des hohen Kleber-Gehaltes von Dinkelmehl bleibt sie innen feucht. Der schwäbische Rahmkuchen ist ein dünner, mit Saurer Sahne

(„Rahm"), Zwiebeln oder Lauch und Speck belegter Hefefladen, ähnlich dem Elsässer Flammkuchen. Der Belag variiert jedoch – so fügen manche Ei oder Kümmel hinzu.

Und was trinkt der Schwabe? Trollinger natürlich: frisch, saftig und rubinrot. Er ist das schwäbische Nationalgetränk. Der Name entstand aus der Bezeichnung „Tirolinger". Die Ursprungs-Rebsorte war der Südtiroler Vernatsch. Die Römer haben die Traube auf ihrem Weg in den Norden mitgebracht. In Württemberg ist sie heute die häufigste Rebsorte. Trollinger-Weine werden selten als Prädikatsweine ausgebaut. Ein Großteil wird mit Lemberger-Weinen verschnitten. Der Trollinger ist der Inbegriff des schwäbischen *Vierteles-Weins* - und damit Ausdruck einer bodenständigen Weinkultur im Württembergischen: „A Virdale schlotza" sagt man hier.

Eine kurze Geschichte Baden-Württembergs
Wie wurde, was ist

Die Anziehungskraft Baden-Württembergs hat eine lange Tradition. Schon seit Ewigkeiten treibt sich unsere Gattung in der Gegend zwischen Odenwald und Bodensee herum. Das Gebiet wurde bereits vor einer halben Million Jahren besiedelt. Der Unterkiefer eines unserer Vorfahren belegt das. Es ist einer der ältesten Funde überhaupt in Europa. Auch das älteste bekannte Musikinstrument der Menschheit wurde hier entdeckt: eine Elfenbeinflöte, ausgegraben 1979 im Geißenklösterle.

Großer Zeitsprung: In der Hallstattzeit besiedelten die Kelten weite Teile des Landes. Dann kamen die unvermeidlichen Römer. Sie überschritten um 15 v. Chr. unter Tiberius die Alpen und gründeten die Provinz Raetia. Die erstreckte sich bis an die Donau und umfasste damit auch das heutige Oberschwaben. Das war den macht- und rohstoffhungrigen Senatoren in Rom aber nicht genug. Und so trieben sie die Legionäre weiter nach Norden.

Der Landweg zwischen Mainz und Augsburg war dafür strategisch sehr wichtig. Um diesen zu verkürzen, bauten sie um 73/74 n. Chr. eine Straße durch das Kinzigtal im mittleren Schwarzwald. Zum Schutz dieser Straße gründeten sie Rottweil. Weitere Gründungen dieser Zeit sind Ladenburg, Bad Wimpfen, Heidelberg und Baden-Baden. Um 85 n. Chr. gründete Kaiser Domitian die Provinz Germania superior (Obergermanien). Die Grenze des Römischen Reiches verlief von ungefähr 98–159 n. Chr. entlang des Neckar-Odenwald-Limes, später entlang des Obergermanisch-Rätischen Limes.

Den vom Limes umschlossenen Teil des Gebietes rechts des Rheines und links der Donau bezeichneten die Römer als Dekumatland. Der nordöstliche Teil des heutigen Baden-Württemberg war nie Teil des Römischen Reiches. Bis zu Kocher und Jagst sind sie nie gekommen. Auch die Schwäbische Alb interessierte sie nicht. Karstgebiete hatten sie am Mittelmeer mehr als genug. Ohnehin haben die Römer über die noch heute besiedelten Städte hinaus wenig Spuren im Ländle hinterlassen.

Um 233 n. Chr. plünderten Alamannen das Dekumatland. Zugleich war im Kernland der Römer „die Kacke am Dampfen". Das blieb auch den Alemannen nicht verborgen. Sie wurden immer mutiger. Den Römern, ohnehin inzwischen hier oben weitgehend auf verlorenem Posten, blieb dreißig Jahre später nichts anderes mehr übrig, als sich hinter Rhein, Donau und Iller und dem Donau-Iller-Rhein-Limes zurückzuziehen. Auch das war nichts für die Ewigkeit. Sie hielten die Rheingrenze noch bis ins Jahr 406. Dann war ihr Feldzug in Germanien zu Ende. Das Machtvakuum im Südwesten wurde von den Alemannen gefüllt. Jetzt hatten sie hier das Sagen. Allerdings nicht lange. Noch im 5. Jahrhundert haben sich die Franken das Gebiet des Herzogtums Alemannien weitgehend einverleibt. Im 8. Jahrhundert wurden Grafschaften (Gaue) als Verwaltungseinheiten installiert. Mit der Neubildung der Stammesherzogtümer gehörten die südlichen Gebiete des heutigen Bundeslandes bis zum Ausgang des Hochmittelalters zum Herzogtum Schwaben, die nördlichen zum Herzogtum Franken.

Nach dem Ende der Stauferdynastie im 13. Jahrhundert kam es zu einer Dezentralisierung des Reiches. Die ohnehin traditionell schwache Zentralmacht von Kaisern und Königen verlor zunehmend Rechte und Befugnisse an aufstrebende Regionalmächte. Dieser langfristige Trend wurde gerade in Südwestdeutschland spürbar. Es kam zur territorialen Zersplitterung in Hunderte von kleinen Grafschaften, Reichsstädten, geistlichen Gebieten oder gar einzelnen ritterschaftlichen Dörfern. Dies blieb so, bis Napoleon kam.

Im Hochmittelalter gehörte das Gebiet zu den zentralen Landschaften des Heiligen Römischen Reiches Deutscher Nation. Es war Heimat zahlreicher aufstrebender Adelsdynastien und lag im Schnittpunkt einiger wichtiger Fernhandelsrouten. Der Hochadel und die Klöster lenkten einen intensiven Landesausbau, in dessen Verlauf die Mittelgebirge erschlossen und zahlreiche Städte gegründet wurden. Wichtige Familien waren vor allem die fränkischen Salier und die schwäbischen Staufer, die sich den Kaiserthron erkämpften. Weitere wichtige Adelshäuser waren die – ursprünglich aus Oberschwaben stammenden – Welfen, die Zähringer und die Habsburger.

Die frühe Neuzeit war geprägt von der Reformation und den Expansionsbestrebungen der entstehenden Flächenstaaten Österreich, Preußen, Frankreich und Schweden. Aus diesen resultierten Konflikte wie der Bauernkrieg, der Dreißigjährige Krieg und der Pfälzische Erbfolgekrieg. Im heutigen Baden-Württemberg lag dabei einer der Schwerpunkte der Kampfhandlungen mit entsprechenden Folgen für Bevölkerung und Wirtschaft. Als Folge des Dreißigjährigen Kriegs war die Bevölkerung um mehr als die Hälfte, regional um zwei Drittel, zurückgegangen, der Viehbestand war fast völlig vernichtet, ein Drittel des Nutzlandes lag brach. Die Region brauchte lange, um sich davon zu erholen.

Im Pfälzischen Erbfolgekrieg verwüsteten französische Truppen unter der Führung von General Melac den nordwestlichen Teil des heutigen Baden-Württembergs. Zwischen 1689 und 1693 ließ Melac flächendeckend nahezu alle Dörfer und Städte niederbrennen, darunter die Residenzstädte Heidelberg, Durlach und Baden sowie Mannheim, Bretten, Pforzheim und Marbach. In der Folge zogen mehrere der Landes- und Kirchenfürsten aus den alten Residenzstädten aus und errichteten neue Barockresidenzen nach dem Vorbild von Versailles. So entstanden barocke Planstädte mit großen Schlössern in Karlsruhe, Ludwigsburg und Rastatt, die kurpfälzische Residenz Schloss Mannheim und Sommerresidenz Schloss Schwetzingen sowie Schloss Bruchsal als Sitz des Fürstbistums Speyer.

Zurück zu Napoleon, der Europa im Pulverdampf seiner Kanonen neu ordnete und vorgab, die Errungenschaften der Französischen Revolution – darunter unbestritten der Code civil und die Deklaration der Menschenrechte - bis ins Zarenreich zu tragen. Hatten zu Beginn des 19. Jahrhunderts noch etwa dreihundert Staaten im Gebiet des heutigen Baden-Württembergs territoriale Rechte inne, so reduzierte sich deren Zahl nach der Auflösung des *Heiligen Römischen Reichs Deutscher Nation* auf vier. Dessen Name leitete sich vom Anspruch der mittelalterlichen Herrscher ab, die Tradition des antiken Römischen Reiches fortzusetzen und die Herrschaft als Gottes heiligen Willen im christlichen Sinne zu legitimieren. Durch die Napoleonischen Kriege und die daraus resultierende Gründung des Rheinbunds war es nahezu handlungsunfähig geworden. Am 6. August 1806 zog Kaiser Franz II.

die Konsequenzen: Er trat ab. Ein Kaiser ohne Reich, das machte keinen Sinn. Vor allem das Königreich Württemberg und das Großherzogtum Baden gehörten zu den Gewinnern.

In Baden blieb es fast ein halbes Jahrhundert ruhig. Das sollte sich 1948/49 ändern. Damals war fast ganz Mitteleuropa von revolutionären Unruhen gegen die Fürstenherrschaft geprägt. Als Teil der bürgerlich-liberalen „Märzrevolution" in den Staaten des Deutschen Bundes war die Revolution im südwestdeutschen Baden wesentlich getragen von radikaldemokratischen Einflüssen: Sie erstrebte eine badische – im übergeordneten Kontext auch deutsche – Republik unter der Souveränität des Volkes. Daraus wurde nichts. 1849 schlugen preußische Interventionstruppen die Revolution nieder. Die Badische Armee wurde aufgelöst und unter preußischer Führung neu aufgebaut. Die Führer flohen nach England und Nordamerika, wo sie nicht unerheblichen Anteil an Lincolns Sieg über die Südstaaten hatten. Im Jahr nach dessen Ende begann der sogenannte Deutsche Krieg zwischen dem Deutschen Bund unter der Führung Österreichs einerseits und dem Königreich Preußen sowie dessen Verbündeten andererseits. Baden und Württemberg standen auf der Seite Österreichs und mussten nach verlorenem Krieg eine Kriegsentschädigung an Preußen zahlen und militärische Geheimverträge mit dem Norddeutschen Bund schließen. Preußen übernahm die politische Vormachtstellung unter den deutschen Ländern. Dies führte 1870 zum Eintritt Badens und Württembergs in den Deutsch-Französischen Krieg. Durch geschickte Diplomatie seitens Bismarcks und ebenso ungeschickte seitens Napoleons III. war Frankreich isoliert und galt als der Aggressor. Danach schlossen sich beide Staaten dem von Preußen angeführten Deutschen Kaiserreich an. Bismarck hatte sein Ziel erreicht: die deutsche Reichsgründung. Nach einem weiteren Krieg, dessen Aggressor nun das Deutsche Kaiserreich war, und der alle Gemetzel vorher in den Schatten stellte, gaben sich die Republik Baden und der freie Volksstaat Württemberg 1919 nach Abdankung des Kaisers demokratische Verfassungen. Mit dem jähen Ende der Weimarer Republik durch Hitlers Machtergreifung 1933 wurden die selbstständigen Landesregierungen im Zuge der Gleichschaltung zu Gunsten nationalsozialistischer Gauleiter und Reichsstatthalter entmachtet. Wie überall im Reich wurden politische Gegner, Juden,

Kranke sowie Sinti und Roma in „Schutzhaft" genommen. In den Lagern Kislau bei Bad Schönborn, Ankenbuck bei Villingen und Heuberg bei Stetten wurden sie interniert. Danach begann der Massenmord.

Doch es gab auch Badener und Württemberger, die sich dem Terrorregime der Nazis mutig entgegenstellten. Mit dem in Stuttgart aufgewachsenen Graf von Stauffenberg, den Geschwistern Scholl, die ihre Kindheit in Forchtenberg, Ludwigsburg und Ulm verbracht haben, sowie dem Hitler-Attentäter Georg Elser, der auf der Ostalb und in Konstanz lebte, haben vier der bekanntesten deutschen Widerstandskämpfer ihre Wurzeln im Südwesten.

Erst die Alliierten befreiten Deutschland von der Willkürherrschaft der Nazis. Im Frühjahr 1945 besiegten amerikanische und französische Bodentruppen auch auf dem Gebiet Baden-Württembergs diejenigen der Wehrmacht. Die Amerikaner besetzten Mannheim am 29. März 1945. Stuttgart eroberten die französischen Truppen am 22. April 1945.

Nach dem Zweiten Weltkrieg kamen die nördlichen Teile von Baden und Württemberg zur amerikanischen Besatzungszone, die südlichen Teile sowie Hohenzollern zur französischen. Die Militärregierungen gründeten 1945/46 die Länder Württemberg-Baden in der amerikanischen sowie Württemberg-Hohenzollern und Baden in der französischen Zone. Diese Länder wurden am 23. Mai 1949 Teil der Bundesrepublik Deutschland.

Das Grundgesetz für die Bundesrepublik Deutschland traf Regelungen zu einer Neugliederung des Bundesgebiets durch Volksabstimmungen. Als Alternativen kamen entweder eine Vereinigung zu einem *Südweststaat* oder die separate Wiederherstellung Badens und Württembergs in Frage. Es wurde ungemütlich im deutschen Südwesten. Selbst um den Namen des Landes wurde erbittert gestritten. Badener gegen Württemberger und umgekehrt, dazwischen die Hohenzollern. Um die endlos lange und komplizierte Geschichte abzukürzen: *Baden-Württemberg* war im Überleitungsgesetz vom 15. Mai 1952 übergangsweise vorgesehen. Der Name setzte sich durch. Kein anderer wurde von allen Seiten akzeptiert. So wurde, was heute ist.

Fotonachweis & Bildkommentare

Sofern nicht anders dokumentiert, liegt das Urheberrecht beim Autor Guido Block-Künzler. Die Karten sind „Public Domain Images" und ein Produkt des OSM-Projektes (OpenStreetMap: die freie WIKIPEDIA-Weltkarte). Die Ausschnitte wurden generiert über www.maps-for-free.com.

S. 10 Blick vom Philosophenweg auf die Heidelberger Altstadt mit Schloss und Alter Brücke über den Neckar. GNU-Lizenz für freie Dokumentation. Fotograf: Christian Bienia, 15.06.2003. Quelle: WIKIPEDIA.

S. 14 Ausflugsboot "Heidelberg" auf dem Neckar.

S. 16 Denkmal in Ebersbach an der Fils für die Neckartreidler. Schiffe wurden in der Regel stromauf getreidelt (durch Menschen oder Zugtiere gezogen) und stromab durch die Strömung oder den Wind angetrieben. Erst das Aufkommen der Dampfkraft ermöglichte den Eisenbahnverkehr und Alternativen in der Schifffahrt.

S. 23 Blick vom Kauber auf die Altstadt von Forchtenberg.

S. 25 Im "Götzenhaus" in Niedernhall verbrachte Götz von Berlichingen seine Schulzeit.

S. 27 Radlerparadies Kauber-Jagst-Radweg.

S. 29 Blick auf Bad Schwäbisch Hall – vom linken Ufer des Kauber.

S. 31 Kauber-Jagst-Radweg vor Aalen.

S. 33 Radweg nördlich von Königsbronn hinter der Europäischen Wasserscheide.

S. 35 Karstquelle der Brenz ("Brenztopf") am Fuße des Herwartsteines in Königsbronn (auf etwa 500 m ü. NN).

S. 37 Bereits kurz nach der Quelle wird die Brenz zum Itzelberger See aufgestaut. Ursprünglich wurde er von den Mönchen des Klosters Königsbronn als Fischteich angelegt.

S. 39 Impression am Radweg: Albschwäbischer geht es kaum. Im Tal fließt die Brenz der Donau entgegen.

S. 41 Da die Lone auf weiten Strecken nur selten Wasser führt, ist das Lonetal eines der längsten Trockentäler Deutschlands. 2006 wurde es daher als eines der 77 bedeutendsten nationalen Geotope in Deutschland ausgezeichnet.

S. 44 Ulmer Münster.

S. 51 Typische Landschaft in Oberschwaben.

S. 54 Auch das ist typisch für Oberschwaben.

S. 57 Ehemalige Abteikirche Weißenau in Ravensburg.

S. 59 Blick von Friedrichshafen über den Bodensee.

S. 62 Blick von Immenstaad über den Bodensee.

S. 66 Wallfahrtskirche Birnau, eine Maria geweihte Barockkirche am Nordufer des Bodensees zwischen den Orten Nußdorf und Uhldingen-Mühlhofen.

S. 72 Historische Altstadt von Stein am Rhein.

S. 76 Wandgemälde in der deutschen Enklave Büsingen.

S. 78 Rheinfall bei Schaffhausen: „Ohr und Auge, wohin retten sie sich im Tumult?" (Eduard Mörike). Das Bild ist unter der Creative Commons-Lizenz lizenziert. Quelle: WIKIPEDIA.

S. 81 Raft am Hochrhein - mit Badewanne!

S. 83 Rast an der ehemaligen Badeanstalt in Küssaberg.

S. 86 Bad Säckingen: Die längste überdachte Holzbrücke.

S. 89 Baseler Münster, Pfalz und Umgebung. Copyfreigabe: Dieses Kunstwerk ist frei, es darf weitergegeben und/oder modifiziert werden entsprechend den Bedingungen der Lizenz Freie Kunst. Quelle: WIKIPEDIA. Urheber: Taxiarchos228. 29. August 2012.

S. 95 Radweg am Oberrhein.

S. 97 Entspannter Abend am Oberrhein bei Breisach. Im Hintergrund der Schwarzwald.

S. 99 Alte Karte vom Oberrhein vor der „Regulierung": Gemeinfrei, da Urheberrecht abgelaufen.

S. 103 Der „Killerschwan" von Breisach.

S. 105 Der Reisebuchautor Guido Block-Künzler vor dem „Handvoll Hügeli" – dem Kaiserstuhl.

S. 107 Winzerdorf im Kaiserstuhl.

S. 109 Rhein-Radweg Richtung Karlsruhe.

S. 111 Badesee in Honau, direkt hinter dem Rheindamm.

S. 113 Alte Postkartenansicht von Karlsruhe: „Klar und lichtvoll wie eine Regel, und wenn man hineintritt, so ist es, als ob ein geordneter Verstand uns anspräche" (Heinrich von Kleist).

Lizenzstatus: Public Domain, weil die urheberrechtliche Schutzfrist abgelaufen ist.

S. 115 Die Alb in Karlsruhe. Fotografiert von Martin Dürrschnabel. Diese Datei ist unter der Creative Commons-Lizenz Namensnennung-Weitergabe unter gleichen Bedingungen. Quelle: WIKIPEDIA.

S. 117 St. Marienkirche in Phillipsburg.

S. 119 Aufständische Bauern mit Bundschuhfahne umzingeln einen Ritter. Holzschnitt des sog. Petrarca-Meisters aus dem "Trostspiegel"', 1539. Lizenzstatus: Public Domain, weil die urheberrechtliche Schutzfrist abgelaufen ist.

S. 122 Blick vom Hang des Königsstuhls über das Heidelberger Schloss auf den Austritt des Neckars in die Rheinebene. Bildausschnitt eines Gemäldes von Carl Rottmann aus dem Jahr 1815. Gemeinfrei, da Urheberrecht abgelaufen.

S. 131 Maultaschensuppe.

S. 138 Bild aus Hans Merkle: *Carl Wilhelm. Markgraf von Baden-Durlach und Gründer der Stadt Karlsruhe (1679-1738)*. Gemeinfrei, da Urheberrecht abgelaufen.

In eigener Sache

Ein Reisebericht ist immer subjektiv – so die wichtigste Spielregel des Genres. Ob die Leserin und der Leser die Sichtweise des Autors teilen, ist ihre Sache. Sie sollten jedoch Reiseberichte nicht mit Lobpreisungen verwechseln. Der Reiseberichtsautor ist kein Angestellter der örtlichen Tourismusbüros.

Dieses Buch richtet sich an den empfindsamen Reisenden, der auch hinter den schönen Schein blicken will, ohne die Lust am Reisen zu verlieren. Und das macht jenseits verbauter Landschaften immer noch viel Spaß. Die Pragmatiker unter ihnen finden Hinweise auf *no go areas*, die sich empfindsame Gemüter schenken sollten.

Ansonsten gilt: Alle in diesem Buch enthaltenen Angaben wurden von mir nach bestem Wissen erstellt. Gleichwohl sind inhaltliche Fehler nicht auszuschließen. Korrekturhinweise und Anregungen greife ich gerne in der nächsten Auflage auf.

Zum Schluss eine Warnung: Dieses Buch kann Buchstaben enthalten. Für die richtige Reihenfolge übernehme ich keine Gewähr.

Meine Adresse:
Edition Block-Künzler Outdoor-Reiseberichte
Zentrum für HighTec und Kultur Spilburg
Steinbühlstraße 13A, D-35578 Wetzlar

oder

Guido Block-Künzler
Am Weinberg 7, 36110 Schlitz/Hessen

admin@outdoor-reiseberichte.info
www.outdoor-reiseberichte.info

In der Reihe
„Deutschland mit dem Rad erkunden"
sind bereits erschienen:

Einmal Rügen und zurück
Mit dem Rad rund um Mecklenburg-Vorpommern
ISBN 9783848210206

Einmal Schlitz und zurück
Mit dem Rad rund um Hessen
ISBN 9783842362239

Einmal Aachen und zurück
Mit dem Rad rund um Nordrhein-Westfalen
ISBN 9783839189337

In der Reihe
„Europäische Inseln zu Fuß erkunden"
sind bereits erschienen:

Einmal Eivissa und zurück
Zu Fuß rund um Ibiza
ISBN 9783839182000

Einmal Playa Quemada und zurück
Zu Fuß rund um Lanzarote
ISBN 9783842362116

Bestellbar bei Ihrem Buchhändler oder über den Internetbuchhandel.
Aktuelle Infos finden Sie auf
www.outdoor-reiseberichte.info

Buchvorschau

Einmal Sylt und zurück
Mit dem Rad rund um Schleswig-Holstein
ISBN 978 384 824 1736
Einmal Worpswede und zurück.
Mit dem Rad rund um Bremen und Bremerhaven
ISBN 978 384 825 2718
Einmal Geesthacht und zurück
Mit dem Rad rund um Hamburg
ISBN 978 384 825 2671
Einmal Lüneburg und zurück
Mit dem Rad rund um Niedersachsen
ISBN 978 384 825 2695
Einmal Wannsee und zurück
Mit dem Rad auf dem Mauerweg rund um Berlin/West
ISBN 978 384 825 2893
Einmal Potsdam und zurück
Mit dem Rad rund um Brandenburg
ISBN 978 384 825 2770
Einmal Dresden und zurück
Mit dem Rad rund um Sachsen
ISBN 978 384 825 2862
Einmal Brocken und zurück
Mit dem Rad rund um Sachsen-Anhalt
ISBN 978 384 825 2893
Einmal Weimar und zurück
Mit dem Rad rund um Thüringen.
ISBN 978 384 825 2930
Einmal Mainz und zurück
Mit dem Rad rund um Rheinland-Pfalz.
ISBN 978 384 825 3173
Einmal Saarbrücken und zurück
Mit dem Rad rund um das Saarland
ISBN 978 384 825 3289
Einmal München und zurück
Mit dem Rad rund um Bayern
ISBN 978 384 825 2985
Einmal Palma und zurück
Zu Fuß rund um Mallorca
ISBN 9783842362239
Einmal Corralejo und zurück
Zu Fuß rund um Fuerteventura
ISBN 9783842362420